Windows 10

Die Neuheiten

CHRISTIAN IMMLER

Markt+Technik

ISBN 978-3-95982-074-5

Espenpark 1a
90559 Burgthann

Produktmanagement Christian Braun, Burkhardt Lühr
Lektorat, Herstellung Jutta Brunemann
Covergestaltung David Haberkamp
Coverfoto © Yang MingQi – Fotolia.com
Satz Astrid Stähr
Druck Media-Print, Paderborn
Printed in Germany

Inhaltsverzeichnis

1. Windows 10 – das erste Jahr

Windows 10 hat es in seinem ersten Jahr bereits zu großer Beliebtheit gebracht, auf neuen PCs ist die aktuelle Windows-Version fast immer vorinstalliert. Nutzer von Windows 7 und Windows 8.1 konnten das Upgrade auf Windows 10 ein Jahr lang kostenlos bekommen.

Pünktlich zum einjährigen Jubiläum spendiert Microsoft das sogenannte Anniversary Update, auch als Windows-10-Version 1607, »Jubiläums-Update« oder »Jahresupdate 2016« bezeichnet. In den Vorabversionen hieß dieses Update noch »Redstone«, ein Name, den man auch heute noch häufig im Internet im Zusammenhang mit der aktuellen Windows-10-Version findet. Im Rahmen von Microsofts Strategie »Windows as a Service« bekommen Nutzer von Windows 10 nicht nur Sicherheitsupdates, sondern auch neue Funktionen regelmäßig per Update automatisch installiert.

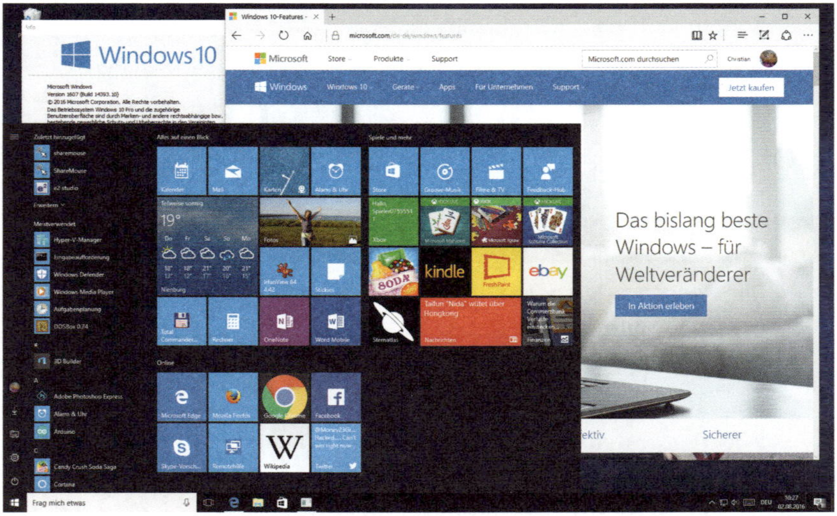

Der Windows-10-Desktop mit Startmenü und neuem Browser.

Anniversary Update installieren

Das Anniversary Update 1607 wird automatisch als etwa 3 GByte großer Download über Windows Update angeboten. Nutzer von Windows 10 Pro können das Update ablehnen, was allerdings wenig Sinn ergibt, da es einige Vorteile bringt und Fehler behebt. Nutzer der Home-Version können nur für den mit der Update-Installation verbundenen Neustart einen Zeitpunkt auswählen.

Das Update installiert ein komplett neues Betriebssystem, die bisherige Version wird im Ordner *windows.old* abgelegt. Daher dauert es auch etwa eine halbe Stunde und erfordert unter Umständen sogar mehrere Neustarts.

Die Installation von Windows 10 – als Upgrade von Windows 7 oder Windows 8.1 – lief problemlos oder Sie haben Windows 10 auf einem neuen PC vorinstalliert mitbekommen – aber dann …

Microsoft bewirbt Windows 10 als »das Windows, das Sie kennen …«, ein Betriebssystem also, in dem alles vertraut ist, und meint damit alle die Windows-7-Anwender, die sich den Kulturschock Windows 8 ersparen wollten. Gesteht sich der größte Softwarehersteller der Welt damit selbst ein, seine Nutzer mit der neuen Oberfläche überfordert zu haben? Und ist Windows 10 auch für diejenigen noch vertraut, die Windows 8.1 kennen und schätzen gelernt haben?

Wir zeigen die Neuheiten von Windows 10 und welche altbekannte Funktion jetzt wo zu finden ist. Damit machen wir Ihnen den Umstieg von Windows 8.1 wie auch von Windows 7 möglichst leicht.

Neuheiten, die besonders für Umsteiger von Windows 8.1 interessant sind, sind mit dem grauen Windows-8.1-Logo gekennzeichnet.

Neuheiten, die besonders für Umsteiger von Windows 7 interessant sind, sind mit dem Windows-7-Logo gekennzeichnet.

Alle Beschreibungen und Screenshots in diesem Buch beziehen sich auf die aktuelle Windows-10-Version einschließlich des Anniversary Updates. Besonders auffällige Neuerungen gegenüber der ursprünglichen Windows-10-Version sind mit dem blauen Windows-10-Logo gekennzeichnet. Früher hätte man ein derart umfangreiches Update als Service Pack bezeichnet.

Was man gleich am Anfang braucht

Bevor Sie mit Windows 10 richtig loslegen, hat Microsoft wie auch schon bei Windows 8.1 noch zwei Hürden eingebaut, die zu überwinden sind:

- Man braucht ein Benutzerkonto – am besten ein cloudbasiertes Microsoft-Konto. Ein lokales Benutzerkonto reicht für die meisten Windows-Grundfunktionen.
- Und der PC muss ins Internet.

Letzteres wird beim Anschluss eines Netzwerkkabels am Router automatisch erledigt. Eine neue Bildschirmseite im Einrichtungsassistenten macht dem Anwender auch die WLAN-Anmeldung leicht. Man braucht nur noch das Netzwerk auszuwählen und den Schlüssel einzutragen – was natürlich eine browserbasierte WLAN-Anmeldung ausschließt. Aber wer richtet einen neuen PC schon erstmals an einem öffentlichen Hotspot ein.

Wie in früheren Windows-Versionen auch müssen Sie bei der Einrichtung eines PCs ein neues Benutzerkonto einrichten. Windows 10 empfiehlt dabei wie schon Windows 8, sich mit einem sogenannten Microsoft-Konto statt mit einem lokalen Benutzerkonto anzumelden.

Haben Sie bereits ein Microsoft-Konto, geben Sie die E-Mail-Adresse und Ihr Passwort ein, um sich anzumelden. Wenn nicht, können Sie direkt im Einrichtungsassistenten von Windows 10 ein Microsoft-Konto anlegen.

Außerdem besteht weiterhin die Möglichkeit, ein lokales Benutzerkonto wie in früheren Windows-Versionen anzulegen und Windows 10 ohne Microsoft-Konto zu nutzen. Damit müssen Sie aber auf einige nützliche Dienste verzichten.

Langjährige Anwender werden Microsoft-Konten noch als Windows Live ID aus dem ehemaligen MSN-Messenger kennen. Diese Benutzerdaten können zur Anmeldung in Windows 10 verwendet werden. Alternativ können Sie auch mit jeder beliebigen anderen E-Mail-Adresse ein neues Microsoft-Konto anlegen.

Windows 10 nutzt das Microsoft-Konto unter anderem für folgende Zwecke:

- Kontakte und Termine synchronisieren,
- E-Mails mit Hotmail bzw. Outlook.com,
- Anmeldung bei Skype,
- Fotos und Office-Dokumente mit OneDrive synchronisieren,
- Notizen auf onenote.com speichern,
- Einstellungen mit anderen Geräten synchronisieren,
- Apps im Windows Store herunterladen oder kaufen,
- Xbox-Live-Spiele,
- Musikstreaming mit Groove,
- Lizenzinformationen speichern.

Anfangs war die Windows-10-Lizenz an die Hardware eines bestimmten PCs gebunden. Microsoft hat mit dem Anniversary Update den Umzug der Lizenz beim Austausch der Hardware erleichtert. Ist man bei der Aktivierung mit einem Microsoft-Konto angemeldet, werden die Aktivierungsdaten dort hinterlegt und man kann später auf einem anderen Computer mit dem gleichen Microsoft-Konto die Lizenz weiterverwenden. Auf dem ersten Computer muss sie dazu deaktiviert werden.

2. Das neue Startmenü in Windows 10

Das seit Windows 95 bekannte Startmenü in der unteren linken Bildschirmecke fehlte in Windows 8. Diese Tatsache bescherte dem Betriebssystem ein nicht gerade positives Medienecho. Die bildschirmfüllende Apps-Liste bot mit ihren vielfältigen Sortieroptionen in vieler Hinsicht mehr Komfort, aber – was der Bauer nicht kennt …

Also reduzierte Microsoft das zentrale Element zum Aufrufen von Programmen wieder auf etwa ein Viertel des Bildschirms links unten, schaltete die unterschiedlichen Sortieroptionen ab und lässt den Nutzer wieder mit der Maus durch eine schmale alphabetisch geordnete Liste scrollen – und alle sind zufrieden.

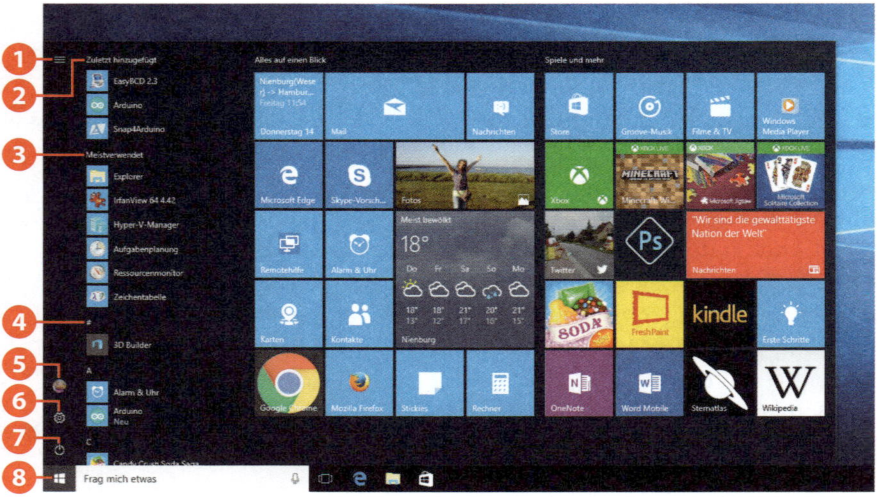

Das neue Startmenü in Windows 10.

Mit dem Anniversary Update wurde das Startmenü noch etwas übersichtlicher. Der Umweg über *Alle Apps* ist nicht mehr nötig, alle installierten Programme werden direkt in der alphabetischen Liste im Startmenü angezeigt.

Das neue Startmenü wird immer noch mit einem Klick auf das Windows-Symbol links unten oder durch Drücken der ⊞-Taste aufgerufen.

Die wichtigsten Elemente des neuen Startmenüs

Der linke Bereich des Startmenüs wird jedem Windows-7-Anwender trotz des neuen Designs bekannt vorkommen. Für Umsteiger von Windows 8.1 mag das Startmenü wie ein Rückschritt wirken.

1. Das Menüsymbol (Hamburger-Menü) blendet erklärende Texte zu den Symbolen ganz links im Startmenü ein.
2. Die letzten neu installierten Programme.
3. Hier stehen die am häufigsten verwendeten Programme. Am Anfang werden in diesem Bereich ein paar vorinstallierte klassische Windows-Programme angezeigt.
4. Die aus früheren Startmenüs gewohnte alphabetische Programmliste, die auch hier Unterordner enthalten kann.
5. Ein Klick auf das Profilbild öffnet ein Menü zum Ändern der Kontoeinstellungen, zum Sperren oder Abmelden.
6. Die *Einstellungen* sind der moderne Nachfolger der Systemsteuerung. Allerdings befinden sich noch längst nicht alle Einstellungen in der neuen App, die klassische Systemsteuerung wird es noch eine Zeit lang geben.
7. Sogar der Ausschalter ist wieder fast an der alten Stelle, ein Element, das viele Windows-8-Nutzer nicht mehr gefunden haben.
8. Ein Klick auf das Windows-Logo öffnet das Startmenü, ein Rechtsklick öffnet das Systemmenü mit nützlichen Systemtools.

Um der minimalistisch gestalteten Programmliste etwas mehr Navigationskomfort zu geben, wurde eine Funktion aus Windows Mobile eingebaut.

Beim Anklicken eines der Anfangsbuchstaben erscheint eine Liste, in der man schnell zu einem anderen Anfangsbuchstaben springen kann.

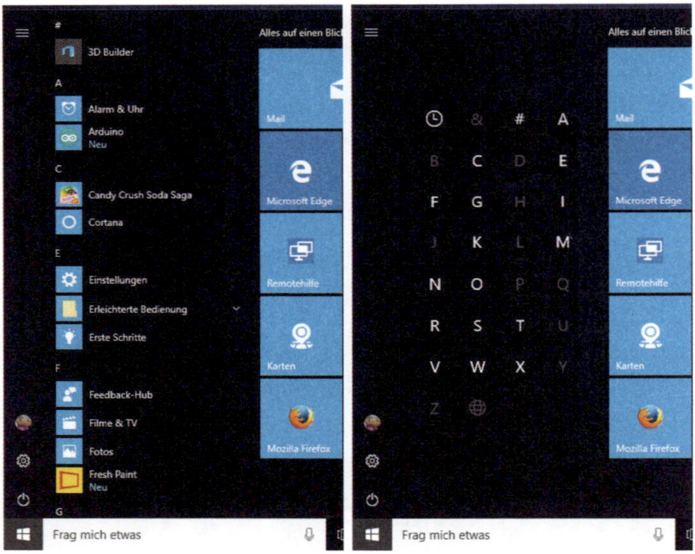

Die Programmliste und die Schnellnavigation im neuen Startmenü.

Live-Kacheln

Im rechten Teil des Windows-10-Startmenüs sind einige der aus Windows 8.1 bekannten Live-Kacheln vorinstalliert. Diese dienen nicht nur dem bequemen Start häufig genutzter Programme, sondern zeigen auch aktuelle Informationen wie Termine, eingegangene E-Mails oder das Wetter an, ohne ein Programm aufrufen zu müssen. Sie übernehmen damit auch die Funktion der Desktop-Minianwendungen aus Windows 7, die in Windows 10 nicht mehr installiert werden können.

Mit einem Rechtsklick auf eine Kachel lässt sich deren Größe aus vier verschiedenen Formaten auswählen. Sollte eine Live-Kachel trotz Internetverbindung keine aktuellen Informationen, sondern nur das App-Logo anzeigen, aktivieren Sie mit einem Rechtsklick über den Menüpunkt *Live-Kachel aktivieren* die Live-Anzeige. Einige Apps bieten keine Live-Kachel an. Bei diesen Apps fehlt auch der entsprechende Menüpunkt.

Standardsymbole und Live-Inhalte auf den Kacheln Store und Nachrichten.

Apps, Ordner und klassische Programme im Startmenü

Im Gegensatz zu Windows 8.1 sortiert Windows 10 im neuen Startmenü alle Programme alphabetisch und macht keinen Unterschied mehr zwischen modernen Windows-Store-Apps und klassischen Programmen. Andere Sortierungen als die alphabetische Reihenfolge sind nicht mehr möglich.

Durch einen Klick auf einen Eintrag im Startmenü wird das jeweilige Programm gestartet, egal, ob es sich um eine moderne App oder um ein klassisches Programm handelt.

Beim Rechtsklick auf einen Eintrag im Startmenü gibt es dagegen Unterschiede zwischen modernen Apps und klassischen Programmen.

Die neuen Windows-Store-Apps lassen sich an das Startmenü und an die Taskleiste anheften und teilweise auch deinstallieren. Einige bieten sogar die zuletzt verwendeten Dateien im Kontextmenü zur schnellen Auswahl an.

Klassische Programme können zusätzlich zu diesen Optionen auch mit Administratorrechten ausgeführt werden. Außerdem lässt sich hier der Programmpfad anzeigen, der im Gegensatz zu den Windows-Store-Apps bei den meisten Programmen frei wählbar ist. Windows-Store-Apps werden immer unter *\Programme\WindowsApps* installiert, dieses Verzeichnis ist für den Zugriff durch normale Benutzer – auch mit Administratorrechten – gesperrt.

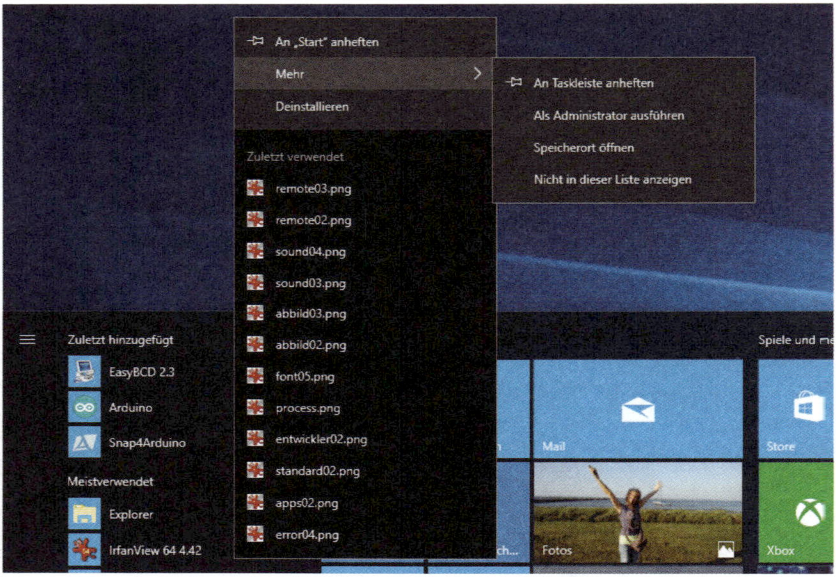

Menü beim Rechtsklick auf ein klassisches Programm im Startmenü.

Startmenü anpassen

Die Kacheln lassen sich beliebig anordnen. Klicken Sie auf eine Kachel und ziehen Sie sie mit gedrückter Maustaste an die gewünschte Position. Die anderen Kacheln machen dabei automatisch Platz.

Auf Touchscreens halten Sie einfach länger den Finger auf die Kachel, bis sie sich aus dem Verband löst und frei bewegen lässt.

Ein Rechtsklick bietet für jede Kachel unterschiedliche Größen an. Weitere Programme können aus der Apps-Liste des Startmenüs in den rechten Bereich gezogen werden und erscheinen dort als Kachel. In der Liste bleiben sie zusätzlich erhalten.

Größe einer Kachel im Startmenü verändern.

Apps in Gruppen anordnen

Die App-Kacheln im Startmenü lassen sich zur besseren Übersicht in Gruppen anordnen, die durch einen etwas breiteren Zwischenraum voneinander getrennt sind. Standardmäßig sind meistens bereits zwei solche Gruppen eingerichtet.

Startmenü mit mehreren Gruppen in die Breite gezogen.

Ziehen Sie eine App auf dem Bildschirm ganz nach rechts oder zwischen zwei bestehende Gruppen, wird eine neue Gruppe angelegt. Klicken Sie auf den Balken oberhalb einer Gruppe, können Sie jeder Gruppe einen eigenen Namen geben. Um die Reihenfolge der Gruppen zu verändern, ziehen Sie diese auf dem Titelbalken an eine andere Position. Wird das Startmenü zu klein für die Kacheln, können Sie es an den Rändern sowohl in die Breite als auch in die Höhe ziehen.

Wichtige Ordner im Startmenü

Ein Rechtsklick auf das Symbol *Explorer* links unten im neuen Startmenü blendet eine Liste wichtiger Verzeichnisse ein, die direkt aufgerufen werden können. Die gleiche Liste wird auch bei einem Rechtsklick auf das Explorer-Symbol in der Taskleiste angezeigt.

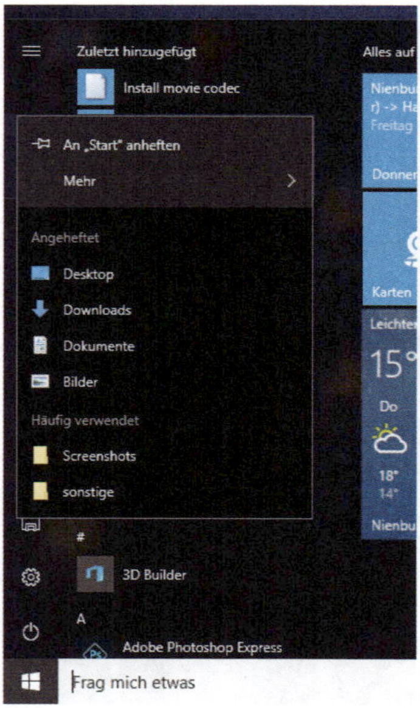

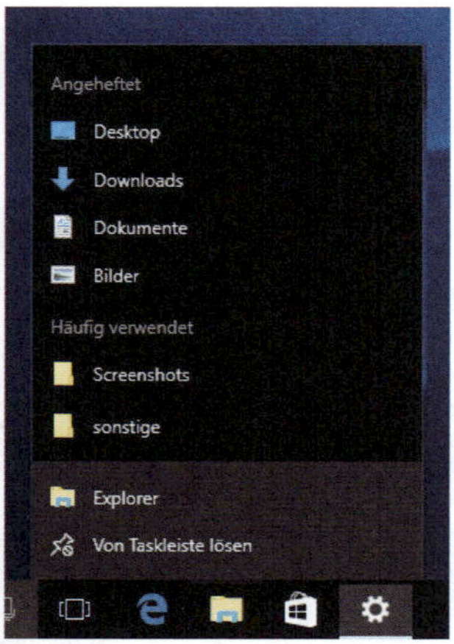

Wichtige Ordner mit dem Explorer-Symbol im Startmenü und der Taskleiste anzeigen.

Noch komfortabler lassen sich diese Ordner aufrufen, wenn man sie direkt im Startmenü anzeigen lässt. Rufen Sie dazu die *Einstellungen* auf und wählen Sie dort das Modul *Personalisierung*. Klicken Sie im linken Seitenbalken auf *Start* und dann auf *Ordner auswählen, die im Menü „Start" angezeigt werden*. Hier wählen Sie aus, welche der Ordner innerhalb des persönlichen Benutzerprofils direkt als Symbole im Startmenü angezeigt werden sollen. Eine freie Auswahl beliebiger Ordner ist nicht möglich.

Auswahl der im Startmenü anzuzeigenden Ordner.

Explorer-Symbol fehlt im Startmenü

Sollte das Explorer-Symbol in der Symbolleiste ganz links im Startmenü fehlen, schalten Sie es an der gleichen Stelle in den *Einstellungen* wieder ein.

Ein Klick auf das sogenannte Hamburger-Menü oben links blendet die Namen der Ordner und Symbole in der Symbolleiste des Startmenüs ein.

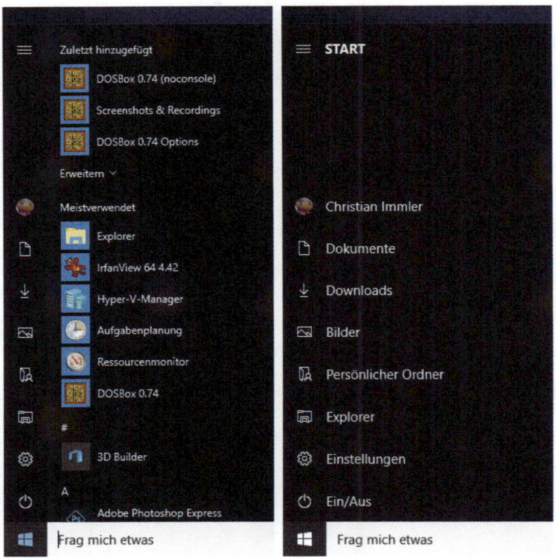

Symbolnamen im Startmenü anzeigen.

Das Hamburger-Menü

Der Button mit den drei waagerechten Linien, die aussehen wie die Schichten eines Hamburgers, in der linken oberen Ecke ist ein typisches Bedienelement verschiedener neuer Windows-Apps.

Damit wird eine Menüleiste am linken Bildschirmrand eingeblendet und in manchen Fällen auch eine dort bereits vorhandene Symbolleiste um erklärende Texte erweitert.

Dieses »Hamburger-Menü« wurde vor Windows 10 bereits in Android-Apps und auch einigen Windows-Phone-Apps verwendet, ist also keine wirkliche Neuheit.

Startmenü im Vollbildmodus – Startbildschirm aus Windows 8.1 in Windows 10

Der Startbildschirm von Windows 8.1 bot eine komplette Bildschirmseite Platz für Live-Kacheln und eine weitere Seite für eine Liste aller installierten Apps. Windows 10 bietet mit dem Anniversary Update einen ähnlichen Vollbildmodus mit einer fast bildschirmfüllenden Anzeige der installierten Apps.

Schalten Sie in den *Einstellungen* unter *Personalisierung/Start* die Option *Menü „Start" im Vollbildmodus verwenden* ein. Beim Klick auf das Windows-Logo links unten in der Taskleiste erscheint jetzt ein formatfüllender Startbildschirm mit Kacheln, die Sie frei anordnen können.

Ein Klick auf das dritte Symbol *Alle Apps* oben links blendet die aus dem neuen Startmenü bekannte Liste aller installierten Programme in mehreren Spalten als Vollbildmenü, ähnlich wie von Windows 8.1 bekannt, ein.

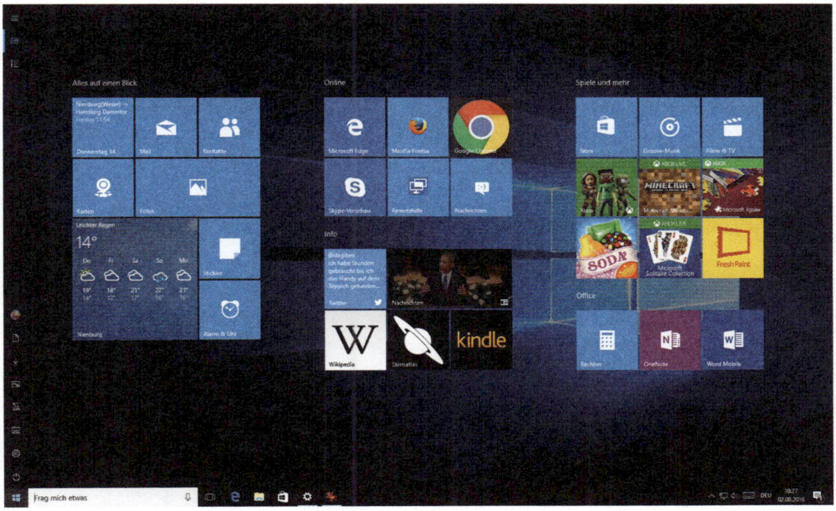

Der Kachelbereich des Startmenüs im Vollbildmodus.

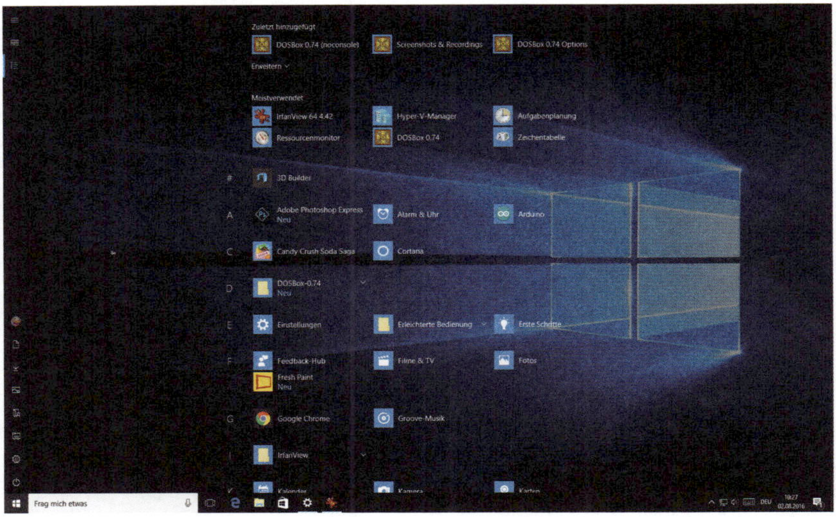

Apps-Liste im Vollbildmodus.

3. Microsoft Edge – der neue Browser

Seit einem großen Update zu Windows 95 hatten alle Windows-Versionen den Internet Explorer vorinstalliert. In Windows 8 kam sogar zusätzlich eine zweite Variante des Microsoft-Browsers im App-Design dazu. Mit Windows 10 ist der Internet Explorer nun Geschichte geworden und wird nur noch aus Kompatibilitätsgründen mitgeliefert.

Der Browser Microsoft Edge ersetzt den Internet Explorer. Microsoft Edge – früher als Project Spartan bekannt – basiert auf der Chromium-Technologie und unterstützt im Gegensatz zum Internet Explorer alle modernen Webtechnologien, unter anderem auch PDF-Dokumente, ohne dass eine Browsererweiterung wie der

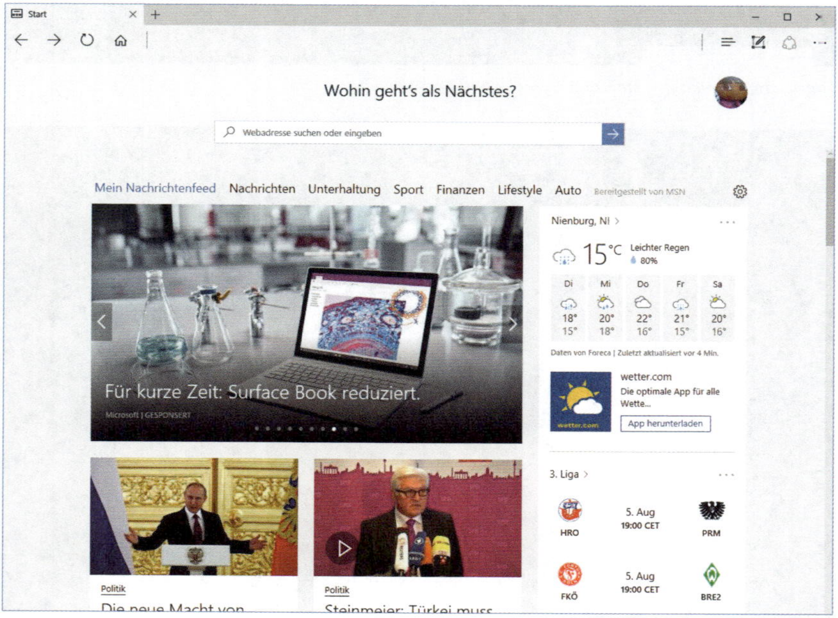

Die Startseite im neuen Browser Microsoft Edge.

Adobe Reader benötigt wird. Windows 10 verwendet den Microsoft-Edge-Browser auch als Standardanwendung zur Darstellung lokaler PDF-Dateien.

> **Kein Microsoft Edge für Windows 7 und 8.1**
>
> Mit der Vorstellung des Edge-Browsers kündigte Microsoft an, diesen Browser ausschließlich für Windows 10 anzubieten. Es wird keine Edge-Varianten für frühere Windows-Versionen geben.

Favoriten, die Lesezeichen in Microsoft Edge

Wie in jedem Browser kann man auch in Microsoft Edge Lesezeichen anlegen, um bestimmte Webseiten schnell wiederzufinden. In Anlehnung an den Internet Explorer bezeichnet auch der neue Browser diese Lesezeichen als Favoriten.

Um einen Favoriten anzulegen, klicken Sie auf das Sternsymbol in der Symbolleiste. Der Browser schlägt anhand des Seitentitels einen Namen für den Favoriten vor, der aber auch geändert werden kann. Außerdem können Sie Ordner verwenden, um große Favoritensammlungen übersichtlich zu halten.

Favoriten in Microsoft Edge anlegen.

Ein Klick auf das Symbol *Hub* rechts neben dem Sternsymbol öffnet den sogenannten Hub, eine Seitenleiste, die zur Darstellung von Favoriten, Leseliste, Verlauf und Downloads verwendet wird.

Die Favoritenleiste im Edge-Browser.

Neu angelegte Favoriten erscheinen standardmäßig ganz unten in dieser Liste, Sie können aber einfach per Drag-and-drop die Reihenfolge verändern.

Ein Klick auf einen Favoriten öffnet die jeweilige Webseite im aktuellen Browsertab. Mit einem Rechtsklick können Sie die Seite in einem neuen Tab öffnen sowie den Favoriten umbenennen, entfernen oder alle Favoriten nach Namen sortieren.

Die Verlaufsliste

Zuletzt geöffnete Webseiten lassen sich schnell über die Verlaufsliste wiederfinden. Zur Anzeige der Verlaufsliste klicken Sie in der Seitenleiste *Favoriten* oben auf das Symbol *Verlauf*.

Ein Klick auf das rote X löscht einen Eintrag aus der Verlaufsliste. Mit einem Rechtsklick können Sie alle Besuche einer Domain auf einmal aus der Verlaufsliste löschen.

Die Leseliste

Um sich eine Webseite nur mal kurz zu merken und sie später zu lesen, will man nicht immer gleich einen Favoriten anlegen. Die neue Leseliste im Edge-Browser ist die Alternative zu ewig geöffneten Browsertabs, die langfristig nur Speicherplatz und Leistung fressen, bis man die Webseite irgendwann mal liest und den Tab schließt.

Wo ist die Leseliste aus Windows 8.1?

Mit Einführung des Edge-Browsers wird die App *Leseliste* aus Windows 8.1 nicht mehr unterstützt. Sie bleibt nach einem Upgrade auf dem PC zwar installiert, funktioniert aber nicht mehr und erscheint auch nicht mehr im Seitenbalken *Teilen*. Auf neu installierten Windows-10-Geräten ist die alte Leseliste nicht mehr vorhanden.

Einen Eintrag in der Leseliste legen Sie ähnlich wie einen Favoriten an. Klicken Sie auf das Sternsymbol in der Symbolleiste des Browsers und wählen Sie dann die Option *Leseliste* anstatt *Favoriten*.

Ein einfacher Klick auf *Hinzufügen* fügt die Seite ganz oben in die Leseliste ein. Dabei versucht der Browser, damit man sich leichter daran erinnert, ein Bild aus der Seite mit zu speichern.

Über das Symbol *Leseliste* im Favoriten-Hub können Sie jederzeit auf die Einträge der Leseliste zugreifen, die Seiten öffnen oder auch mit einem Rechtsklick wieder aus der Leseliste entfernen.

Die Leseliste in Microsoft Edge.

Die Leseansicht im Browser

Zum ungestörten Lesen längerer Texte lassen sich die meisten Webseiten und Blogs im Browser

Microsoft Edge auf eine neue Leseansicht umschalten, die überflüssige grafische Elemente und vor allem Werbung ausblendet.

Ein Artikel auf MSN Nachrichten in der normalen Darstellung in Microsoft Edge.

Ein Klick auf das Buchsymbol rechts neben der Adresszeile schaltet die aktuell dargestellte Seite in die Leseansicht um. Leider unterstützen noch nicht alle Webseiten die neue Leseansicht.

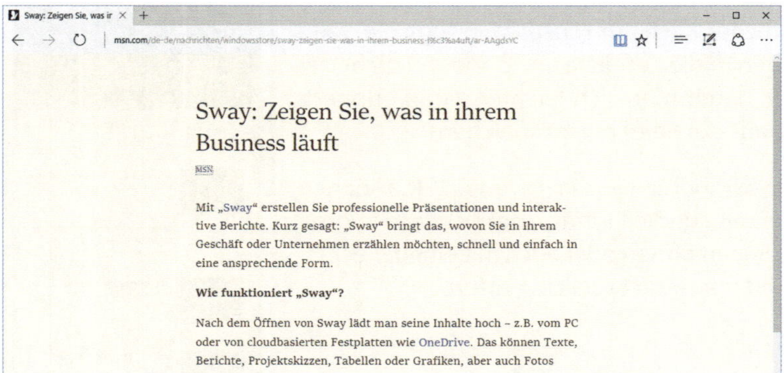

Der gleiche Artikel in der Leseansicht.

Die Leseansicht funktioniert unter anderem auch als Werbeblocker, ersetzt diesen aber nicht vollständig.

HTML5-Unterstützung

Der Browser Edge setzt voll auf den Webstandard HTML5. Microsoft verabschiedet sich damit von proprietären Technologien, die auf Plug-ins basierten, wie zum Beispiel das hauseigene Silverlight. Diese Technologie wird in Microsoft Edge nicht mehr unterstützt.

Adobe Flash kann im Edge-Browser derzeit noch verwendet werden, Microsoft empfiehlt aber, auch Flash über die Browsereinstellungen abzuschalten. Im HTML5-Test bei www.html5test.com schneidet Microsoft Edge zwar immer noch schlechter ab als die aktuellen Versionen von Chrome oder Opera, aber deutlich besser als sein Vorgänger, der Internet Explorer 11.

Mit dem Anniversary Update und einigen kleinen Updates hat der Edge-Browser in Sachen HTML5-Kompatibilität deutlich aufgeholt. Die erste Version von Edge brachte es im Vergleich zu den aktuellen 460 Punkten nur auf 402 Punkte.

Notizen im Browser

Eine der meistbeworbenen Funktionen des neuen Browsers ist die Möglichkeit, Kommentare auf Webseiten zu schreiben. Obwohl der Werbespruch »Schreiben Sie direkt auf Websites und teilen Sie Ihre Kommentare mit anderen« anderes vermuten lässt, schreibt man nicht auf eine Webseite, sondern nur auf einen Screenshot davon. Dazu verbindet sich der Browser direkt mit OneNote, dem Notizprogramm aus Microsoft Office, das in Windows 10 kostenlos mitgeliefert wird, und verwendet dort einen Screenshot der Webseite als Hintergrund für eine neue Notiz.

OneNote wird direkt im Browser eingebettet, sodass man auf den ersten Blick gar nicht merkt, dass man sich auf einmal auf einem Screenshot der Webseite befindet. Hier kann man Kommentare anbringen oder Textstellen hervorheben und anschließend die OneNote-Notiz an Freunde weitergeben. Bei längeren Seiten sollte man vorher den wichtigen Teil ausschneiden, da der automatisch erzeugte Screenshot auch Teile der Webseite enthält, die im Browserfenster nicht sichtbar sind.

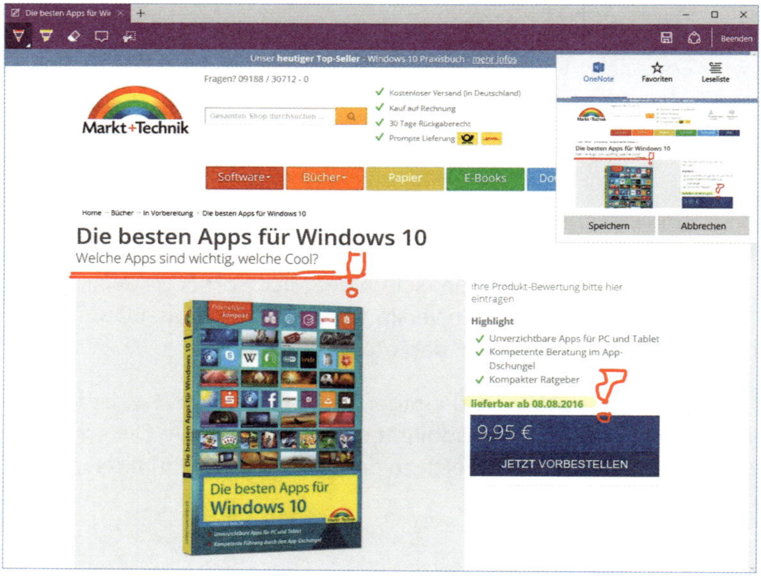

OneNote-Notizen auf einer Webseite in Microsoft Edge.

Wählen Sie beim Speichern der Notiz einen Abschnitt innerhalb Ihres persönlichen OneNote-Notizbuchs. OneNote speichert Notizen nicht als einzelne Dateien, sondern verwendet eine eigene Notizbuchstruktur mit Abschnitten und Seiten. Die OneNote-Notizen werden automatisch mit allen Computern und Smartphones, die mit dem gleichen Microsoft-Konto angemeldet sind, synchronisiert. Eine wirklich innovative und nützliche Technologie.

Interessante Links an Freunde weitergeben

Wer eine interessante Internetseite gefunden hat, kann diese, ohne sie sich zwischendurch merken zu müssen, an Freunde weiterleiten. Die Charms-Leiste ist in Windows 10 weggefallen und damit auch die systemweite *Teilen*-Funktion. Klicken Sie, um einen Link zu teilen, oben rechts in Microsoft Edge auf das *Teilen*-Symbol. Jetzt erscheint eine Liste aller im System eingetragenen Kommunikations-Apps, die sich zum Weiterleiten oder Speichern von Internetadressen eignen. Wählen Sie hier die gewünschte Methode aus und leiten Sie so den Link zur aktuellen Webseite weiter.

Bei E-Mails wird die Betreffzeile automatisch mit dem Seitentitel gefüllt und der eigentliche Link in den Mailtext eingetragen, sodass der Empfänger nur noch darauf zu klicken braucht. Wenn die Webseite diese Technik unterstützt, werden automatisch ein Bild und ein Kurztext in die Mail eingefügt. Sie müssen nur noch den Empfänger angeben und vielleicht einen freundlichen Satz in die Mail schreiben, damit die Internetadresse nicht ganz so unvermittelt beim Empfänger ankommt.

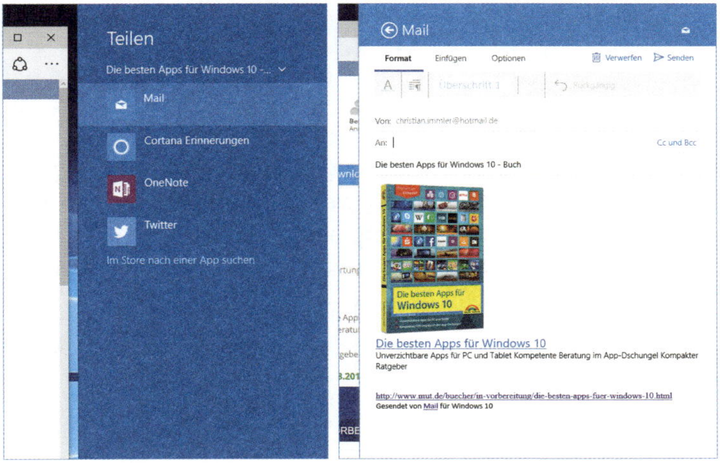

Link per E-Mail teilen.

> ### Screenshot einer Webseite teilen
>
> Anstatt einen Link zu teilen, können Sie mit dem *Teilen*-Symbol auch einen Screenshot der Webseite erstellen. Klicken Sie dazu auf den kleinen Pfeil rechts oben in der Seitenleiste *Teilen* und wählen Sie die Option *Bildschirmfoto* aus. Jetzt werden verschiedene Apps angeboten, um das Bildschirmfoto zu teilen. Leider ist es nicht möglich, es einfach als Bilddatei zu speichern.

Das Menü in Microsoft Edge

Einige seltener benötigte Browserfunktionen haben kein Symbol in der Symbolleiste, sondern werden über das Menüsymbol mit den drei Punkten rechts oben aufgerufen.

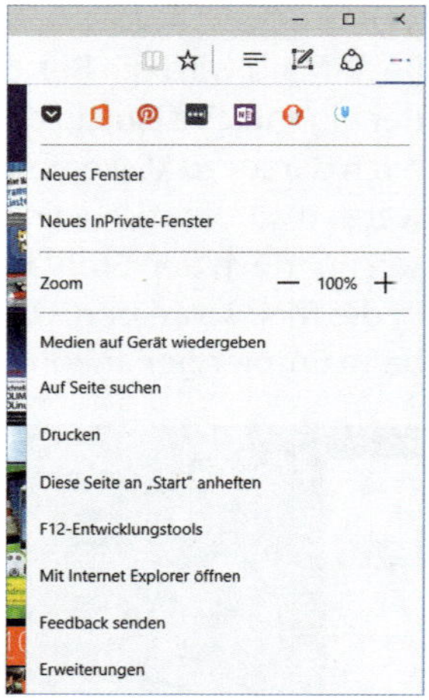

Das Menü rechts oben im Edge-Browser.

Über dieses Menü lässt sich ein neues Browserfenster öffnen; neue Tabs im gleichen Fenster öffnen Sie wie bei den meisten Browsern über das Plussymbol rechts neben den Tabs.

Unerkannt surfen im InPrivate-Modus

Möchten Sie nicht, dass ein anderer Benutzer des Computers sieht, dass Sie bestimmte Webseiten besucht haben, nutzen Sie für diese Seiten den InPrivate-Modus von Microsoft Edge, der weitgehend aus dem Internet Explorer übernommen wurde. Zum InPrivate-Surfen wird immer ein neues Browserfenster geöffnet. Wählen Sie im Menü *Neues InPrivate-Fenster.*

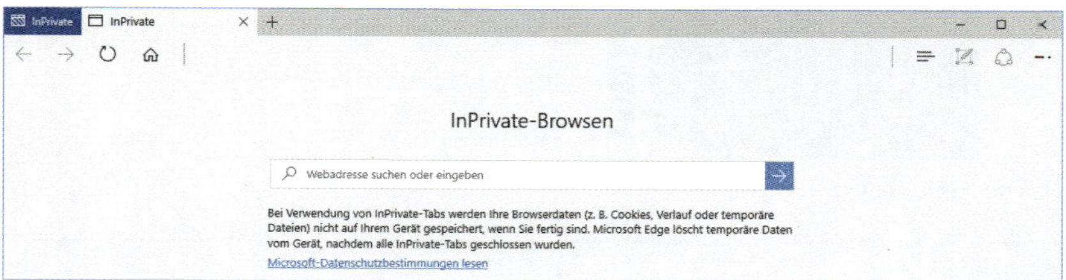

Ein neues InPrivate-Fenster.

InPrivate-Fenster werden mit einem blauen InPrivate-Symbol in der Adressleiste deutlich gekennzeichnet. Alle weiteren Registerkarten, die über Links aus einem InPrivate-Fenster heraus geöffnet werden, laufen ebenfalls im InPrivate-Modus. In diesem Modus speichert der Browser Microsoft Edge keine temporären Dateien oder Cookies. Die besuchten Seiten werden auch nicht in die Verlaufsliste eingetragen.

Besonders beim Surfen auf Internetseiten mit zweifelhaften oder jugendgefährdenden Inhalten sollte man auf privaten Computern den InPrivate-Modus einschalten, um das Gerät, das möglicherweise auch von jüngeren Familienmitgliedern verwendet wird, frei von Spuren dieser Webseiten zu halten.

InPrivate – nicht nur für Paranoide

Dass der Browser im InPrivate-Modus keine Cookies oder temporären Daten speichert, hat noch einen weiteren nützlichen Effekt. Mithilfe von InPrivate-Fenstern können Sie z. B. mit zwei Microsoft- oder Google-Konten gleichzeitig angemeldet sein, was in normalen Browserfenstern nicht funktioniert, da jedes Fenster die Anmeldecookies der anderen Fenster übernimmt.

Außerdem können Sie in einem InPrivate-Fenster sehen, wie eine anmeldepflichtige Seite, z. B. ein Facebook-Profil oder ein Onlineshop, aus Sicht eines Fremden aussieht, während Sie im normalen Browserfenster selbst angemeldet sind.

Webseiten an das Startmenü anheften

Besonders häufig gebrauchte Webseiten können Sie auch direkt im Kachelbereich des Startmenüs ablegen. Dort sind sie noch schneller erreichbar als über die Lesezeichen.

Klicken Sie im Browsermenü auf *An „Start" anheften*. Die aus Windows 8.1 bekannten Möglichkeiten, ein Symbol zu wählen und den Namen der neuen Kachel frei zu vergeben, sind in Windows 10 weggefallen.

Wenn die Webseite dies unterstützt, bekommt die Kachel automatisch ein Symbol und eine typische Farbe zugewiesen.

Das Lesezeichen erscheint als Kachel in einer neuen Gruppe auf dem Startbildschirm. Diese Kachel können Sie wie andere Kacheln auch auf dem Startbildschirm verschieben, in der Größe verändern oder später, wenn gewünscht, wieder vom Startbildschirm entfernen.

Kacheln als Lesezeichen für Webseiten im Microsoft-Edge-Browser.

Tastaturnavigation

Mit der Taste F7 lässt sich in Microsoft Edge die Tastaturnavigation aktivieren. Dann erscheint ein Cursor auf der Webseite, mit dem man mit gedrückter ⇧-Taste sowie den Pfeiltasten Text markieren kann, was im Browser sonst nur mit der Maus möglich ist.

F12-Entwicklungstools

Der Menüpunkt *F12-Entwicklungstools* oder die Taste F12 zeigen den Quelltext der aktuellen Webseite an. Im gleichen Fenster finden Sie auch eine Konsole, einen Debugger und weitere nützliche Tools für Webmaster.

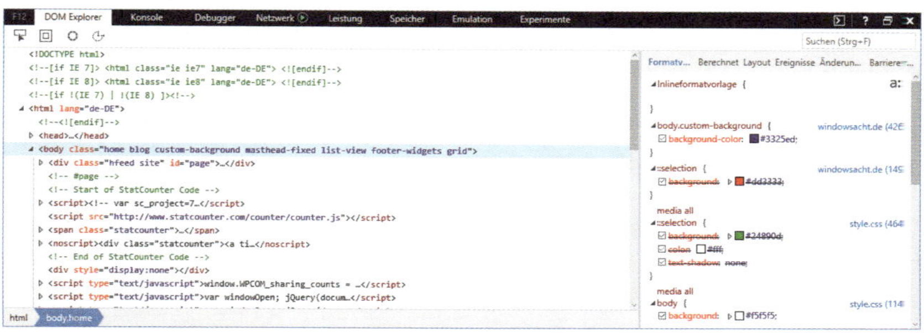

Quelltext einer Webseite im Entwicklungstools-Fenster.

Webseiten mit dem Internet Explorer öffnen

Sollte sich eine ältere Webseite in Microsoft Edge nicht korrekt darstellen lassen, gibt es auch in Windows 10 noch den Internet Explorer in der aktuellen Version 11. Dieser Browser wird nur noch aus Kompatibilitätsgründen mitgeliefert und ist auch im Startmenü nur noch unter *Windows Zubehör* zu finden. Über den Menüpunkt *Mit Internet Explorer öffnen* wird die aktuell in Microsoft Edge dargestellte Webseite im Internet Explorer geöffnet.

Einstellungen in Microsoft Edge

Der Browser Microsoft Edge bietet deutlich weniger, dafür übersichtlichere Einstellungen als der Internet Explorer. Diese sind über den Menüpunkt *Einstellungen* zu erreichen.

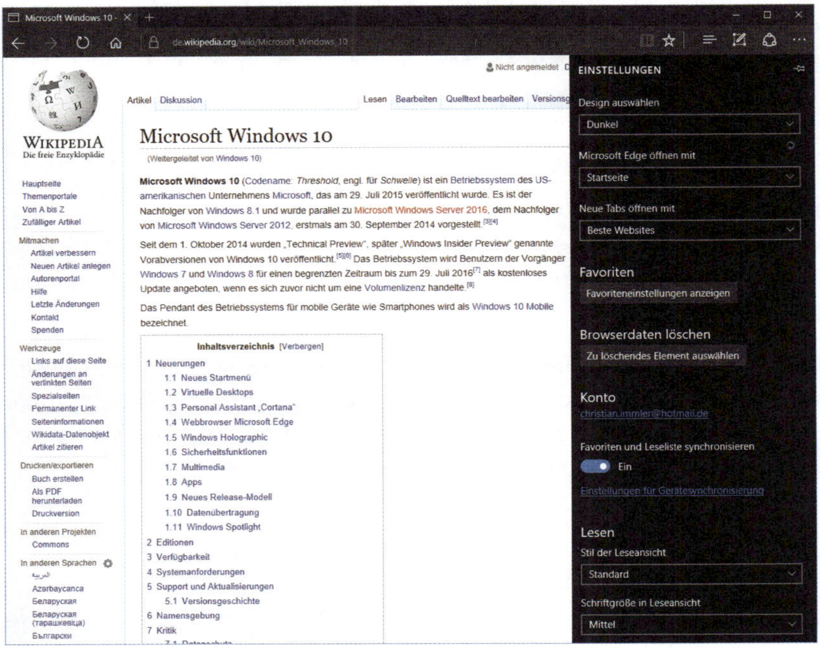

Microsoft Edge mit der Seitenleiste »Einstellungen« im dunklen Design.

Design auswählen

Der Browser Microsoft Edge bietet zwei unterschiedliche Designs an, das standardmäßige helle Design und ein dunkles, bei dem alle Bedienelemente in Weiß auf schwarzem Grund erscheinen. In diesem Design entspricht der Browser im Aussehen dem Startmenü, Info-Center und der Fotos-App, die alle dieses dunkle Design verwenden.

Microsoft Edge übernimmt nicht automatisch das dunkle Design, wenn dies in den Einstellungen für andere Apps eingestellt ist.

Favoritenleiste anzeigen

Auch Microsoft Edge besitzt eine Favoritenleiste, die – wie von anderen Browsern bekannt – besonders wichtige Lesezeichen direkt unterhalb der Adresszeile anzeigt. Sie ist standardmäßig ausgeblendet, kann aber über die *Einstellungen* eingeblendet werden. Um ein Lesezeichen in der Favoritenleiste abzulegen, erstellen Sie es wie üblich mit dem Sternsymbol und wählen dann im Listenfeld *Erstellen in* die Option *Favoritenleiste*.

Favoriten aus anderem Browser importieren

Nach dem Upgrade auf Windows 10 können Sie von Ihrem zuvor verwendeten Browser die Lesezeichen bzw. Favoriten importieren. Klicken Sie in den *Einstellungen* auf *Favoriteneinstellungen anzeigen* und wählen Sie den gewünschten Browser aus.

Beim Import aus dem Internet Explorer werden auch die dort vorinstallierten Favoriten importiert, die mit dem Microsoft-Edge-Browser nicht mehr funktionieren, wie zum Beispiel die automatischen Seitenvorschläge oder der Webslice-Katalog. Diese können wie jeder andere Favorit einfach per Rechtsklick entfernt werden.

Favoriten und Leseliste synchronisieren

Nutzt man mehrere Geräte mit Windows 10, ist es ausgesprochen praktisch, wenn die Favoriten sowie die Leseliste aus Microsoft Edge automatisch auf allen Geräten synchronisiert werden, sodass Sie jederzeit darauf zugreifen können, egal, mit welchem der Geräte Sie gerade online sind.

Aktivieren Sie den Schalter *Favoriten und Leseliste synchronisieren* in den *Einstellungen*. Voraussetzung zur Synchronisierung ist, dass Sie auf allen Geräten mit dem gleichen Microsoft-Konto angemeldet sind. Über den Link *Einstellungen für Gerätesynchronisierung* können Sie festlegen, welche Windows-Einstellungen außer den Browserfavoriten noch synchronisiert werden sollen.

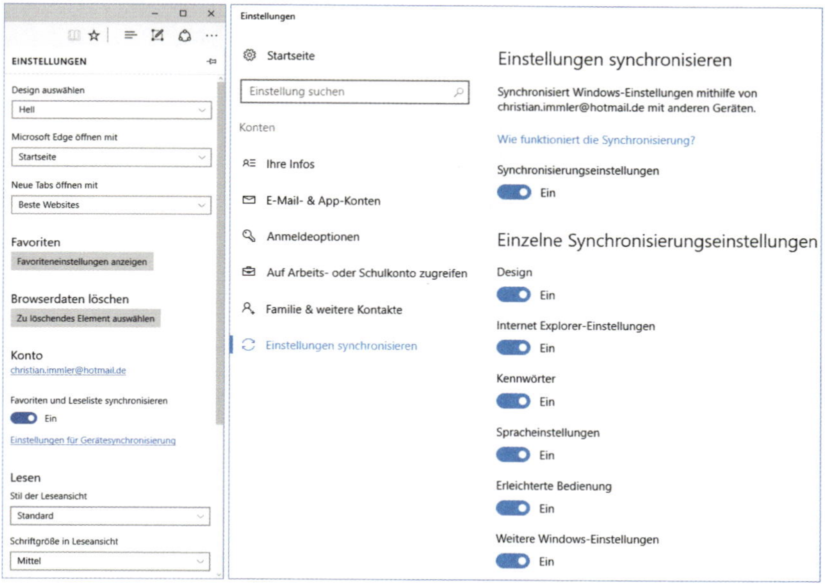

Einstellungen zur Synchronisation von Favoriten und anderen Einstellungen.

Startseite in Microsoft Edge einstellen

In den *Einstellungen* legen Sie fest, mit welcher Seite ein neues Browserfenster geöffnet werden soll. Auch für neue Tabs bietet Microsoft Edge eine spezielle Seite an. Ähnlich wie Firefox kann der Edge-Browser beim Start auch alle zuletzt geöffneten Tabs wieder anzeigen. Die Option *Bestimmte Seite(n)* ermöglicht die freie Auswahl einer Startseite, wie zum Beispiel eines Nachrichtenportals oder einer Suchmaschine. Die Seite für neue Tabs kann über das Symbol mit den drei Punkten rechts oben an persönliche Interessen angepasst werden.

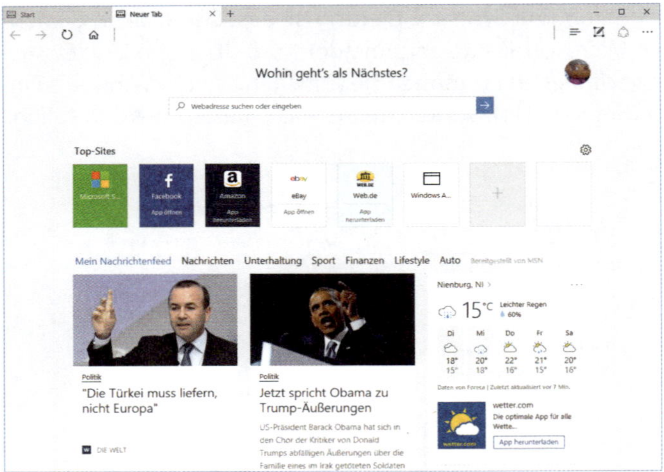

Die Seite für neue Tabs in Microsoft Edge – das Feld »Wohin geht's als Nächstes« ist gleichzeitig Adresszeile und Suchmaschine.

Wichtige Seiten anheften

Wichtige Webseiten lassen sich mit einem Rechtsklick auf die Browserregisterkarte anheften.

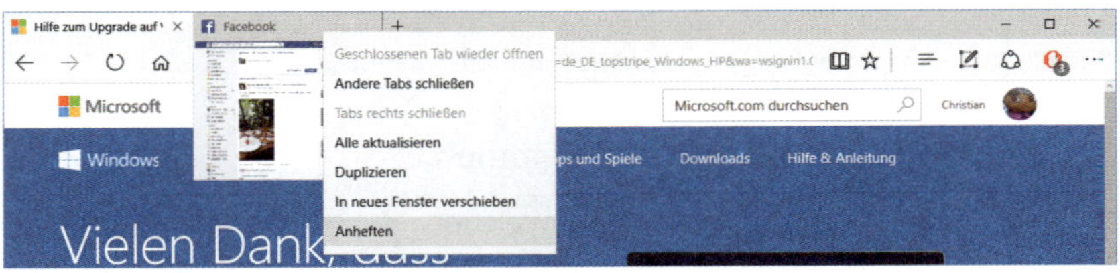

Registerkarten anheften.

Angeheftete Registerkarten erscheinen als Symbol ganz links bei den Browserregisterkarten. Sie bleiben beim Neustart des Browsers angeheftet und werden automatisch wieder geladen. Um eine angeheftete Registerkarte zu schließen, wählen Sie im Kontextmenü *Loslösen*.

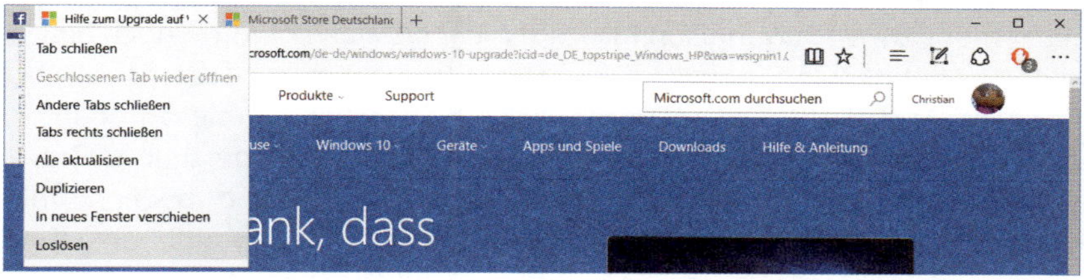

Angeheftete Registerkarten haben kein Schließen-Symbol, sie müssen losgelöst werden.

Browserdaten löschen

Die persönlichen Daten lassen sich alle an einer zentralen Stelle löschen. Klicken Sie in den *Einstellungen* unter *Browserdaten löschen* auf *Zu löschendes Element auswählen*. Hier können Sie wählen, welche Datentypen gelöscht werden sollen. Dabei sollten Sie genau zwischen Surfkomfort und Datenschutzbedürfnis abwägen. So sollten Sie zum Beispiel Passwörter nur löschen, wenn Sie sie auswendig wieder neu eingeben können.

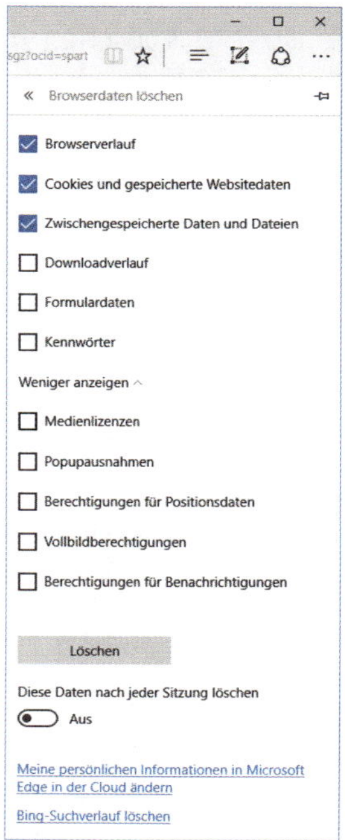

Auswahl der zu löschenden Browserdaten.

Lassen Sie besondere Vorsicht beim Löschen von Cookies walten. Diese werden zwar von den Medien gern als gefährlich bezeichnet, haben aber auch deutliche Vorteile für den Nutzer. Durch das Löschen von Cookies geht in vielen Onlineshops einiges an Nutzungskomfort verloren, bei einigen Shops hängen sogar besondere Stammkundenvorteile von Cookies ab. Löscht man etwa die Cookies der Webseite der Bahn, gehen die persönlich gespeicherten Strecken sowie die automatischen Informationen über die nächsten Abfahrten und eventuelle Verspätungen auf persönlichen Favoritenstrecken verloren.

Die aus dem Internet Explorer von Windows 8.1 bekannten Funktionen zum Löschen einzelner Cookies oder um Cookies von Favoritenseiten grundsätzlich zu behalten, stehen in Microsoft Edge leider nicht mehr zur Verfügung. Ein Klick auf *Mehr anzeigen* blendet noch einige selten benötigte Optionen ein. Diese Daten braucht man nur bei Fehlern zu löschen. Sie enthalten keine im Hinblick auf Datenschutz relevanten Informationen, sondern Berechtigungen einzelner Webseiten, bestimmte Browserfunktionen zu nutzen. Die *Medienlizenzen* sollten Sie nur bei Fehlfunktionen löschen oder wenn Sie den Computer endgültig weggeben. Ohne diese Medienlizenzen lassen sich DRM-geschützte Kaufvideos oder Musik nicht mehr abspielen.

Der Schalter *Diese Daten nach jeder Sitzung löschen* entfernt die ausgewählten Komponenten jedes Mal beim Schließen des Browserfensters. Das Löschen von Cookies und zwischengespeicherten Daten mag in besonderen Fällen aus Datenschutzgründen sinnvoll sein. Wenn Sie allerdings den Browserverlauf löschen, geht diese nützliche Funktion komplett verloren und Sie brauchen sich nicht zu wundern, wenn die Verlaufsliste leer ist und Sie die vor ein paar Tagen besuchten Webseiten nicht mehr wiederfinden.

Stil der Leseansicht

Für die Leseansicht, die über das Buchsymbol in der Symbolleiste aufgerufen wird, lassen sich verschiedene Hintergrundfarben und Schriftgrößen wählen.

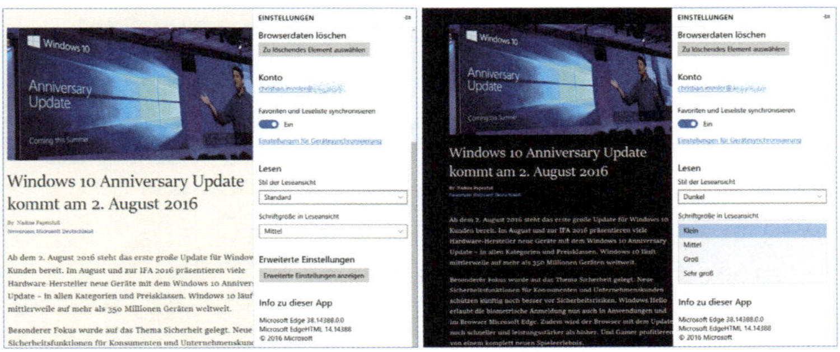

Unterschiedliche Darstellungen der Leseansicht.

Browsererweiterungen für Microsoft Edge

Seit dem Anniversary Update unterstützt Microsoft Edge auch Erweiterungen, wie man es von Firefox und Chrome schon lange kennt.

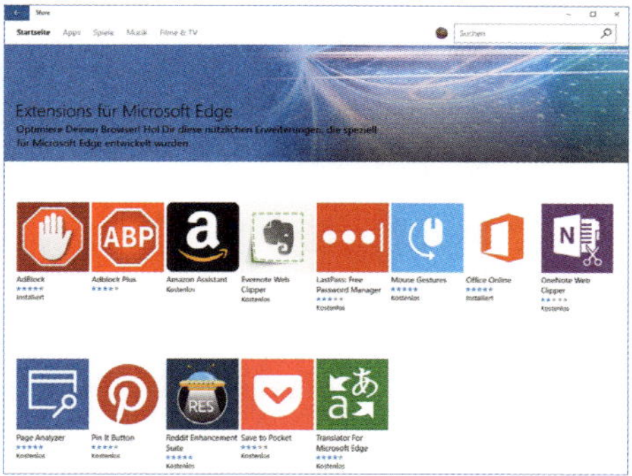

Zum Start des Anniversary Updates sind zwar noch nicht viele, aber doch einige nützliche Erweiterungen verfügbar.

Microsoft hat aus dem vom Internet Explorer bekannten Chaos unnützer Toolbars und schädlicher Plug-ins gelernt und lässt die Installation der Edge-Erweiterungen nur über den Windows Store zu. Alle Erweiterungen erscheinen nach der Installation zunächst ganz oben im Menü des Browsers und können von dort per Rechtsklick in die Symbolleiste eingeblendet werden.

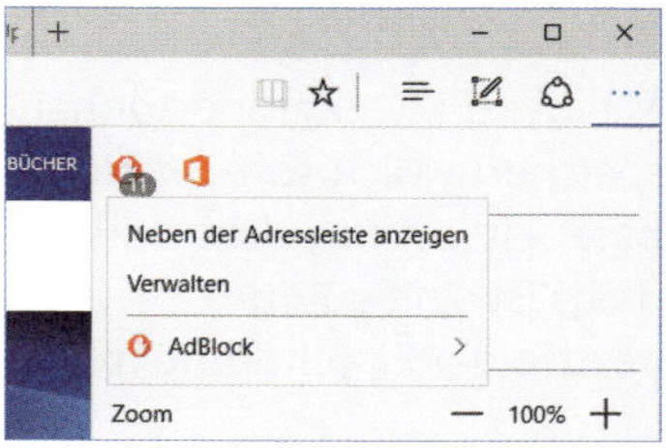

Zwei Erweiterungen im Browser Microsoft Edge.

OneNote Web Clipper

Mit dem Wegfall der systemweiten *Teilen*-Funktion aus Windows 8.1 ist es nicht mehr so einfach möglich, Webseiten oder Teile davon als Notiz zu speichern. Die eingebaute OneNote-Unterstützung ermöglicht zwar Notizen in Webseiten, eignet sich aber nur schwer, um Links oder Teile einer Webseite offline zu speichern und zu teilen. Die Erweiterung *OneNote Web Clipper* rüstet diese Funktion in Microsoft Edge wieder nach.

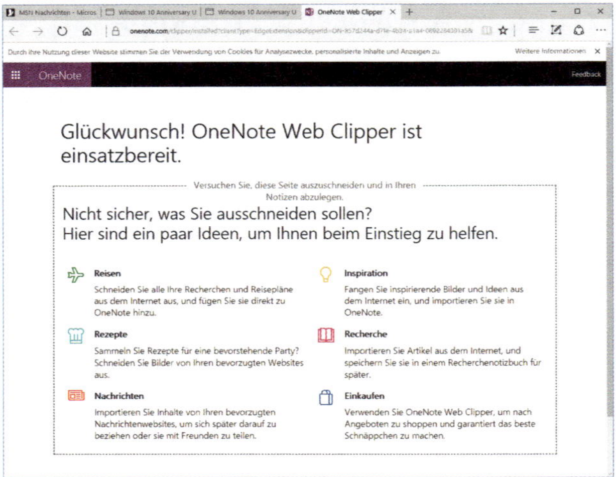

OneNote Web Clipper in Microsoft Edge.

Office Online

Mit dieser Erweiterung können Sie auf OneDrive oder auch lokal gespeicherte Microsoft-Office-Dokumente im Browser betrachten und bearbeiten, ohne dass Office auf dem PC installiert sein muss. Allerdings ist eine gültige Office-365-Lizenz erforderlich, man muss sich dazu in der Erweiterung mit seinem Microsoft-Konto anmelden.

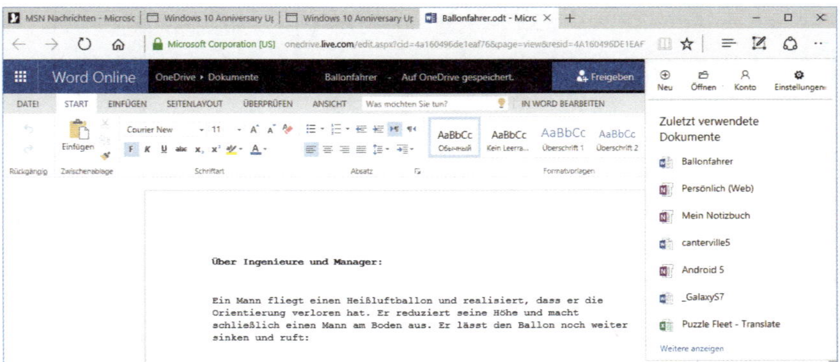

Die Office-Online-Erweiterung in Microsoft Edge.

Adblock Plus

Werbung auf Webseiten nervt – besonders wenn es sich um Videos, Musik, Flash-Werbung oder Überblendungen handelt, die schwer wegzuklicken sind. Der beliebte Werbeblocker *Adblock Plus* ist, seit Microsoft Edge Erweiterungen unterstützt, auch für diesen Browser erhältlich und blockiert beim Surfen die meiste unerwünschte Werbung.

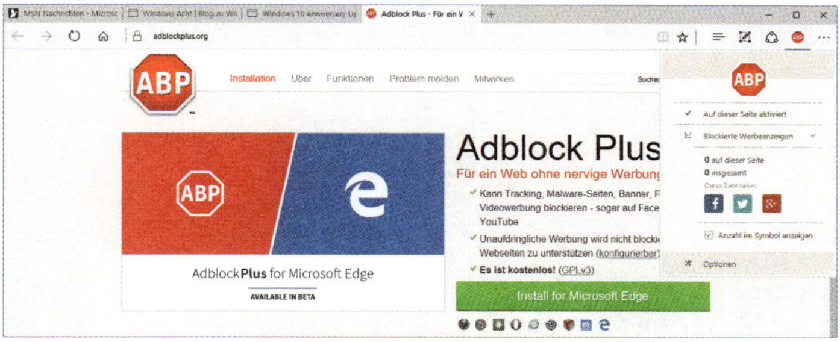

Der Werbeblocker Adblock Plus in Microsoft Edge.

> **Was ist nicht aufdringliche Werbung?**
>
> In Absprache mit großen werbefinanzierten Webseiten hat Adblock Plus die Option *Einige nicht aufdringliche Werbung zulassen* eingebaut. Damit ist es möglich, bestimmte einfache Bannerwerbung, die keine Inhalte verdeckt und den Nutzer nicht mit Musik oder extrem hohem Datenvolumen belästigt, weiterhin zuzulassen. So können Benutzer Webseiten unterstützen, die nicht aufdringliche Werbung verwenden, und damit ein Zeichen gegenüber anderen Seiten setzen. Der Schalter ist automatisch aktiviert. Die meisten Nutzer verändern die Standardeinstellungen einer App nie. Standardmäßig ausgeschaltet würde diese Funktion ihren Zweck nicht erfüllen.

AdBlock

AdBlock ist ein weiterer Werbeblocker für Microsoft Edge. Auch hier sind Positivlisten für bestimmte Webseiten möglich, auf denen man

Werbung zulassen möchte, nicht aufdringliche Werbung wird angezeigt, dafür die besonders lästige Werbung auf Facebook und YouTube blockiert. Ähnlich wie bei Virenscannern gilt auch hier: Entscheiden Sie sich für eine Software und installieren Sie keine zwei Werbeblocker parallel.

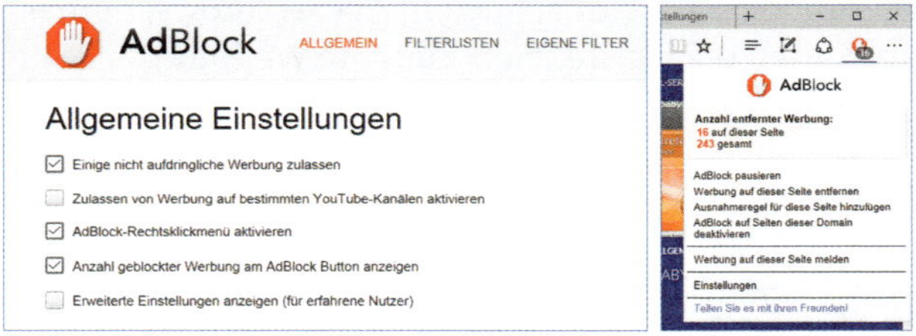

Der Werbeblocker AdBlock im Edge-Browser.

Mouse Gestures

Andere Browser kennen sie schon lange – jetzt bietet auch Microsoft Edge Mausgesten an, um mit kurzen Handbewegungen bei gedrückter rechter Maustaste wichtige Navigationsschritte im Browser zu erleichtern. Über die Schaltfläche *Optionen* in den *Einstellungen* dieser Erweiterung legen Sie die Funktionen der unterschiedlichen Bewegungen fest.

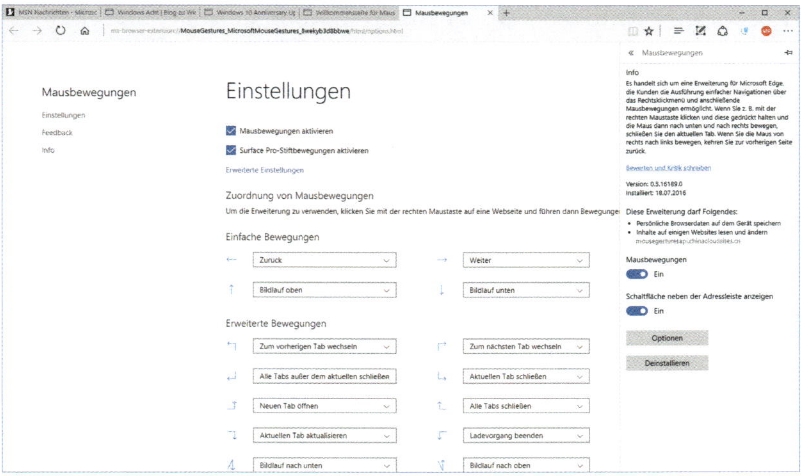

Einstellungen für Mausgesten im Browser Microsoft Edge.

Microsoft Translator

Der mittlerweile in *Microsoft Translator* umbenannte Bing Translator übersetzt Webseiten in eine andere Sprache und behält dabei deren Layout weitgehend bei. Das Symbol dieser Erweiterung erscheint automatisch in der Adressleiste, wenn Sie eine fremdsprachige Webseite besuchen.

Der Microsoft Translator in Microsoft Edge.

Wie bei allen automatisch übersetzten Texten gilt auch hier: Natürlich sind die übersetzten Texte nicht zur Veröffentlichung geeignet – wie in der Abbildung zu sehen –, dienen aber als gute Hilfe, um den Inhalt eines einfachen fremdsprachigen Textes zu erfassen.

Pin-it-Button

Der beliebte Social-Bookmarking-Dienst *Pinterest* (www.pinterest.com) liefert seinen Pin-it-Button jetzt auch für den Edge-Browser. Damit können Sie nun auch aus diesem Browser interessante Seiten und Bilder im Internet speichern und teilen.

Save to Pocket

Viele Anwender lassen Webseiten, die man sich nur mal kurz merken möchte, einfach als Browsertabs offen, um sie später zu lesen. Dabei schränken zahlreiche offene Tabs die Leistung des Browsers deutlich ein. Der alte Name dieser Erweiterung, Read It Later, drückte deutlich aus, was *Save to Pocket* (www.getpocket.com) kann, nämlich solche Webseiten mit einem Klick in einer übersichtlichen Leseliste zu speichern, auf die man auch von anderen Computern jederzeit zugreifen kann, um sie später zu lesen.

LastPass

LastPass (lastpass.com/de) ist ein besonders sicherer und trotzdem komfortabler Passwort-Manager, um die Vielzahl unterschiedlicher Zugangsdaten für personalisierte Webseiten im Griff zu behalten, ohne überall dasselbe unsichere Passwort nutzen zu müssen.

Erweiterte Einstellungen im Edge-Browser

Ein Klick auf *Erweiterte Einstellungen anzeigen* in den *Einstellungen* des Edge-Browsers bietet einige interessante Optionen an.

Schaltfläche „Startseite" anzeigen

Das Haussymbol, das mit einem Klick zur Startseite führt, wird standardmäßig nicht angezeigt. Mit diesem Schalter wird es aktiviert. Darunter können Sie angeben, auf welche Seite dieses

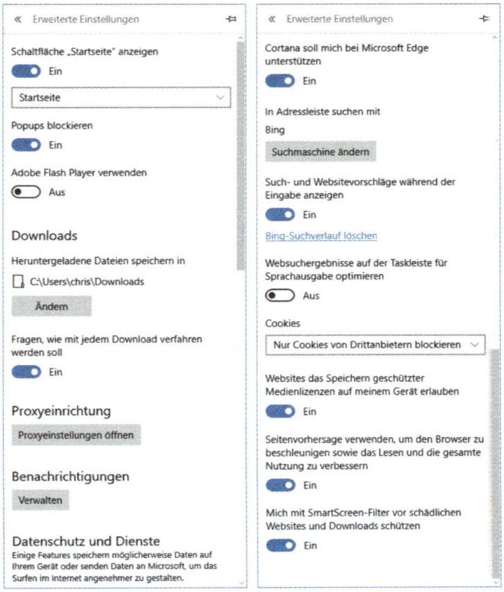

Die erweiterten Einstellungen in Microsoft Edge.

Symbol führen soll, *Startseite* steht dabei für die in den *Einstellungen* festgelegte Startseite.

Pop-ups blockieren

Pop-ups werden in Microsoft Edge standardmäßig generell blockiert. Der Pop-up-Blocker kann auf Wunsch ausgeschaltet werden. Eine Liste zugelassener Seiten, wie man es vom Internet Explorer oder Firefox kennt, gibt es im neuen Browser nicht.

Adobe Flash Player verwenden

Der Adobe Flash Player ist in Microsoft Edge zwar noch integriert, sollte aber laut Empfehlungen von Microsoft aus Sicherheitsgründen nicht mehr verwendet werden. Schalten Sie ihn in den *Einstellungen* einfach ab. Immer mehr moderne Webseiten nutzen mittlerweile den HTML5-Standard statt Plug-in-basierter Lösungen wie Flash oder Silverlight.

Downloads

Im Bereich *Downloads* legen Sie in den *Einstellungen* das Verzeichnis fest, in dem heruntergeladene Dateien standardmäßig abgelegt werden sollen. Solange der Schalter *Fragen, wie mit jedem Download verfahren werden soll* aktiviert ist, erscheint bei jedem Download eine Abfrage, in der Sie das Verzeichnis für die heruntergeladene Datei auswählen können.

Proxyeinrichtung

Falls Sie über einen Proxyserver mit dem Internet verbunden sind, kommen Sie über die Schaltfläche *Proxyeinstellungen öffnen* schnell zu den entsprechenden Systemeinstellungen, wo Sie ein Proxyeinrichtungsskript wählen oder die Proxyeinstellungen manuell festlegen können.

Benachrichtigungen

Hat eine Webseite im Browser die Berechtigung gefordert, bei bestimmten Ereignissen Systembenachrichtigungen im Info-Center auszugeben, können Sie diese Berechtigungen über die Schaltfläche *Verwalten* ändern, um häufige oder unwichtige Benachrichtigungen wieder abzuschalten.

Kennwörter speichern

Damit man sich nicht alle Passwörter der diversen Webseiten merken muss, bietet Microsoft Edge wie die meisten Browser die Möglichkeit, Passwörter zu speichern. Bei jeder Webseite, die eine Anmeldung verlangt, erscheint eine Meldung im Browser, ob das Passwort gespeichert werden soll.

Möchten Sie Passwörter generell nicht speichern und auch auf diese Abfrage verzichten, können Sie die Option *Speichern von Kennwörtern anbieten* abschalten. Genauso können Sie auch das automatische Speichern von Formulareinträgen – z. B. für Adressen und Telefonnummern – bei Bedarf abschalten.

Über den Link *Meine gespeicherten Kennwörter verwalten* sehen Sie alle im Browser gespeicherten Anmeldedaten und können sie einzeln löschen oder auch nachträglich verändern. Im Gegensatz zu Firefox zeigt Microsoft Edge gespeicherte Passwörter nicht im Klartext an.

Der Verfolgungsschutz Do Not Track

Möchten Sie nicht nur selbst auf dem PC keine Spuren hinterlassen, sondern auch für die Anbieter unerkannt bleiben, können Sie mit dem Tracking-Schutz *Do Not Track* (DNT) in Microsoft Edge Inhalte bestimmter Drittanbieter blockieren. Der Tracking-Schutz weist den jeweiligen Webserver an, Skripte von Drittanbietern auf Webseiten, die das eigene Surfverhalten ausspionieren, zu blockieren. Dabei handelt es sich aber um keine automatisierte technische Maßnahme, sondern der Webserver muss an dieser Stelle den Willen des Besuchers respektieren und auf das Tracking verzichten.

Da in Windows 8 trotz aller Kritik des W3-Consortiums der Tracking-Schutz im Internet Explorer standardmäßig eingeschaltet war, haben viele große Werbeanbieter bekannt gegeben, derartige Anfragen nicht mehr zu beachten. Damit wurde *Do Not Track* weitgehend wirkungslos. Um zu den Empfehlungen des W3C konform zu sein, wurde *Do Not Track* in Microsoft Edge standardmäßig wieder ausgeschaltet, kann aber jederzeit eingeschaltet werden.

> **Tracking-Schutz testen**
>
> Auf der Webseite www.donottrack.us können Sie testen, ob der Tracking-Schutz des Browsers von anderen Webseiten erkannt wird.
>
> Hier finden Sie auch eine relativ kurze Liste von Webseiten und Werbenetzwerken, die *Do Not Track*-Anfragen heute noch beachten.

Cortana in Microsoft Edge

Ist der Schalter *Cortana soll mich bei Microsoft Edge unterstützen* eingeschaltet, kann man auf einer Webseite einen Begriff oder auch einen ganzen Satz markieren und über einen Rechtsklick die neue Suchassistentin Cortana danach suchen lassen. Allerdings fällt Cortana meistens nichts anderes ein, als auf Bing nach dem Begriff zu suchen.

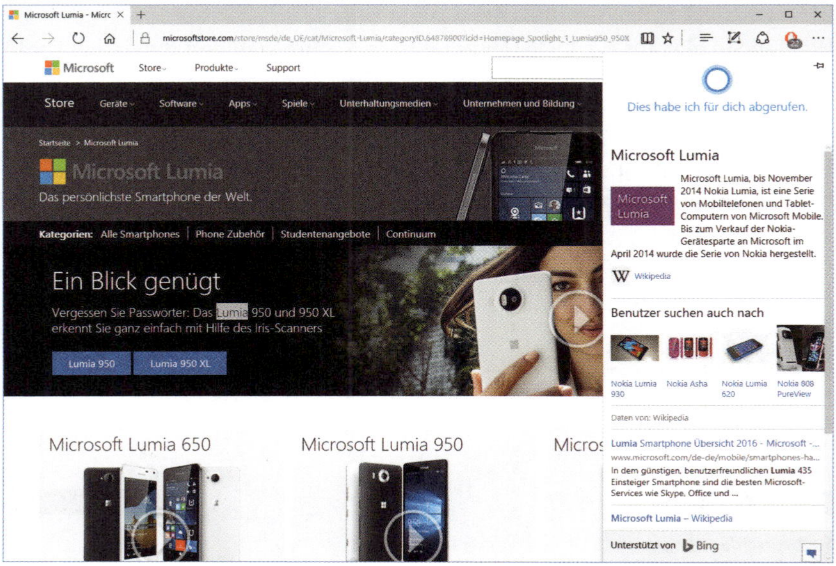

Cortana unterstützt im Browser Microsoft Edge.

In Adressleiste suchen

Gibt man in der Adressleiste des Browsers anstelle einer Internetadresse einfach ein Wort ein, wird dieser Begriff bei Bing gesucht.

Diese Suchmaschine lässt sich ändern, allerdings muss man dazu zunächst einmal die Webseite der gewünschten Suchmaschine besuchen, z. B. www.google.de, da Edge keine Möglichkeit bietet, beliebige Suchmaschinen einzutragen, sondern diese automatisch finden muss.

Klicken Sie anschließend in den *Einstellungen* von Edge unter *Erweiterte Einstellungen* auf den Button *Suchmaschine ändern* unterhalb von *In Adressleiste suchen mit*.

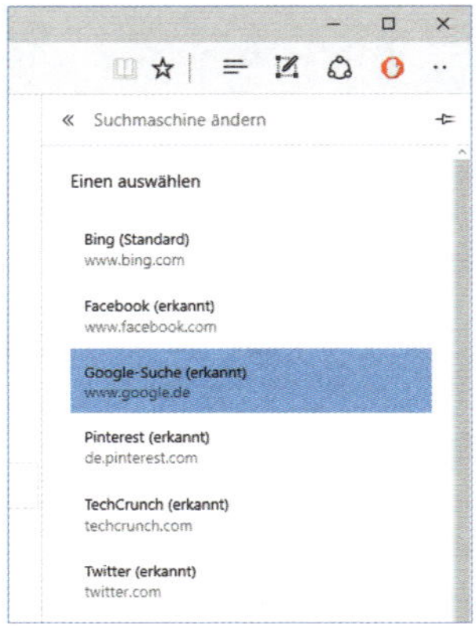

Andere Standardsuchmaschine im Edge-Browser festlegen.

Wählen Sie hier aus der Liste der erkannten Suchmaschinen die gewünschte aus und klicken Sie auf *Als Standard*.

Ist der Schalter *Such- und Websitevorschläge bei der Eingabe anzeigen* eingeschaltet, schlägt Bing bereits während der Eingabe in der Adresszeile wie bei der Eingabe im Suchfeld auf www.bing.de häufig gesuchte Begriffe vor.

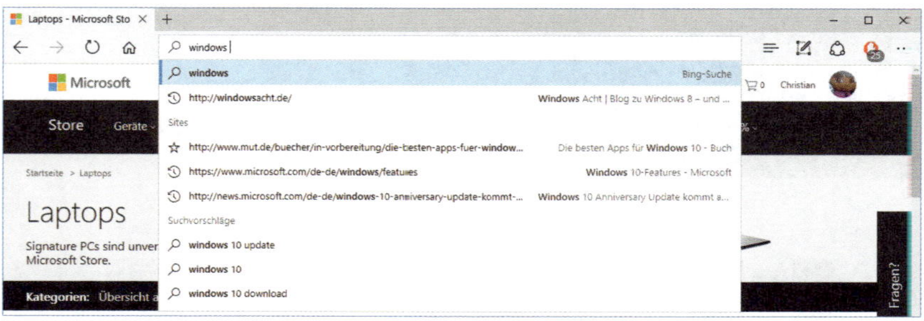

Suchvorschläge im Browser.

Cookies blockieren

Microsoft Edge kann auch, ohne in den InPrivate-Modus umgeschaltet zu werden, auf Wunsch Cookies blockieren. Da die meisten Cookies aber nützlich sind, um zum Beispiel persönliche Einstellungen in Onlineshops und anderen Webseiten zu speichern, empfiehlt es sich, nur Cookies von Drittanbietern zu blockieren. Dabei handelt es sich meistens um Werbenetzwerke, die auf Webseiten Cookies zur Verfolgung von Besuchern setzen.

Websites das Speichern geschützter Medienlizenzen auf meinem Gerät erlauben

Ist dieser Schalter aktiviert, können DRM-geschützte Videos im Browser dargestellt werden. Die entsprechende Lizenz wird lokal auf dem PC gespeichert. Auf öffentlich genutzten PCs sollte dieser Schalter deaktiviert werden, damit Ihnen bei Medien, die nur auf einer begrenzten Anzahl an Geräten abgespielt werden dürfen, keine Lizenz verloren geht.

Seitenvorhersage verwenden

Mit dieser Einstellung kann der Browser von einer Webseite verlinkte Seiten, die von vielen Besuchern aufgerufen werden, bereits vorab in den Cache laden und so den späteren Seitenaufruf beschleunigen. Wenn Sie über eine Verbindung mit kostenpflichtigem oder begrenztem Datenvolumen mit dem Internet verbunden sind, schalten Sie diese Option aus, um Datenvolumen zu sparen.

Meinen PC mit SmartScreen-Filter schützen

Der SmartScreen-Filter prüft Webseiten und Downloads und blockiert als gefährlich bekannte. Dieser Filter ersetzt keinen vollständigen Virenscanner, verhindert aber, dass als gefährlich bekannte Software auf den PC gerät.

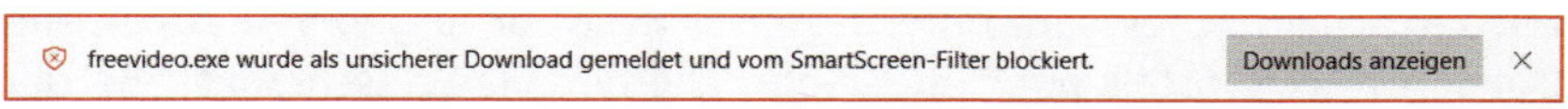

Meldung des SmartScreen-Filters, wenn ein gefährlicher Download blockiert wurde.

4. Cortana und die neue Suche

Das neue Suchfeld in der Taskleiste findet lokale Dateien, Apps und Einstellungen, aber auch Suchergebnisse im Internet. Im Gegensatz zu Windows 7 braucht man keine zwei getrennten Suchfunktionen mehr für die lokale und die Websuche.

Einfaches Eintippen eines Suchbegriffs wie in Windows 8 ist auch möglich, man muss nicht unbedingt zuerst in das Suchfeld *Web und Windows durchsuchen* klicken, sondern kann auch einfach die [Windows]-Taste drücken. Damit springt der Cursor automatisch in das Suchfeld.

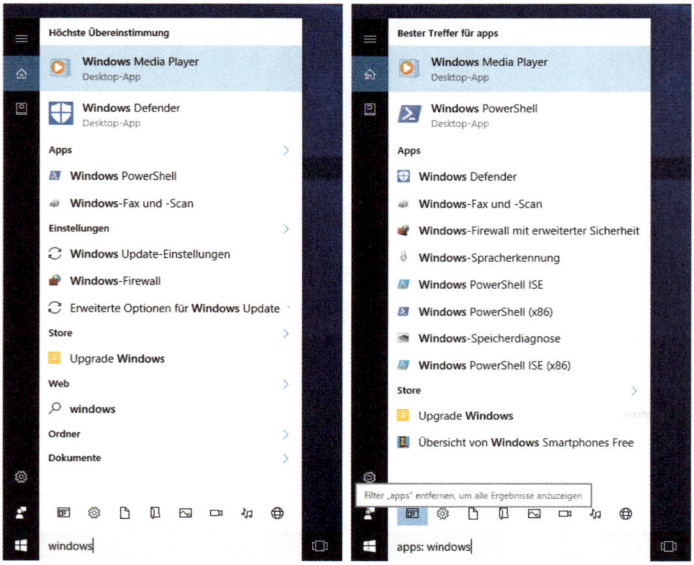

Die neue Suche in Windows 10.

Mit den Schaltflächen ganz unten lassen sich die Suchergebnisse auf eigene Dateien, Apps, Einstellungen oder Websuchergebnisse einschränken. Bei der Websuche wird die Suchmaschine Bing im Browser geöffnet.

Suchen mit Cortana

Die digitale Assistentin Cortana, die nicht nur die Suche erweitert, sondern auch an Termine erinnern und diverse weitere Fragen beantworten kann, ist eine der interessantesten – wenn auch nicht unbedingt notwendigen – Neuerungen in Windows 10.

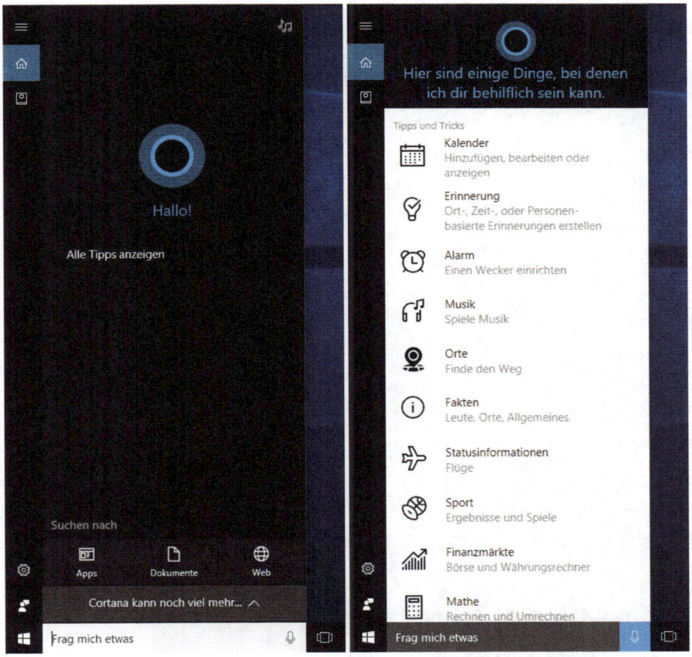

Cortana zeigt sich oberhalb des Suchfeldes in der Taskleiste.

Nach der ersten Aktivierung über das Kreissymbol im Suchfeld wertet Cortana alle dort eingegebenen Anfragen aus. Anschließend erscheint das kreisförmige Cortana-Symbol automatisch im Suchfeld der Taskleiste. Zusätzlich reagiert Cortana auf Spracheingabe und spricht dann auch die Antworten. Die Tastenkombination ⊞+C oder ein Klick auf das Mikrofonsymbol im Suchfeld lässt Cortana zuhören. Optional lässt sich Cortana auch über den Sprachbefehl *Hey Cortana* aktivieren, was besonders auf mobilen Geräten nützlich sein kann. Allerdings verbraucht gerade dort die ständige Rufbereitschaft viel wertvolle Akkuleistung.

Damit Cortana auf Spracheingaben reagieren kann, muss der Zugriff auf das Mikrofon freigegeben werden. Später können Sie in den *Einstellungen* Cortana Ihr persönliches Sprachmuster beibringen, damit sie auf *Hey Cortana* nur dann reagiert, wenn Sie selbst sie ansprechen und nicht eine fremde Person aus dem Hintergrund.

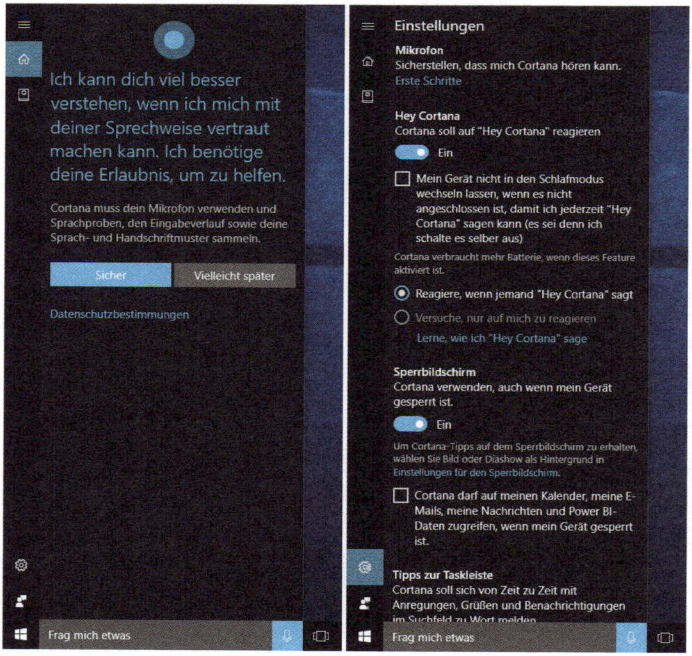

Mikrofoneinstellungen für Cortana.

Sprechen Sie eine Frage oder tippen Sie diese im Suchfeld ein, versucht Cortana, eine Antwort darauf zu finden. Wenn Cortana keine Antwort einfällt, wird der Edge-Browser geöffnet und auf Bing nach dem gesprochenen Text gesucht.

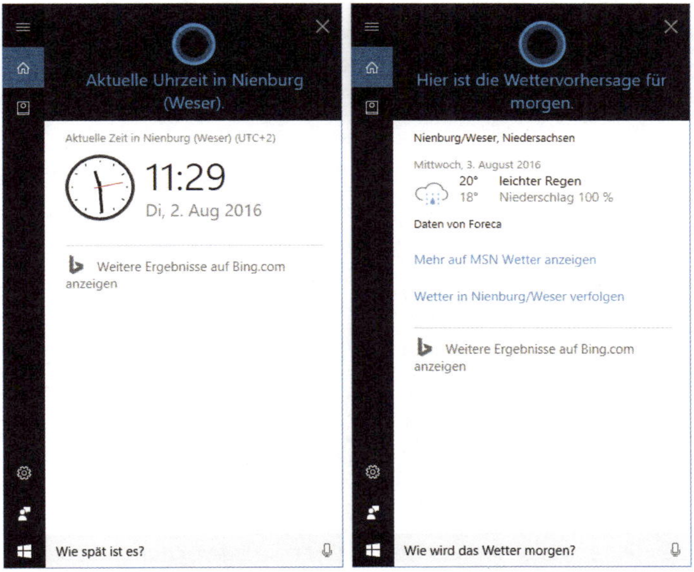

Cortana weiß Antworten auf einfache Fragen.

Die lokale Suche in eigenen Dateien kann auch mit Cortana verwendet werden. *Suche in meinen Dateien Windows* findet alle eigenen Dokumente, in deren Dateinamen das Wort *Windows* vorkommt. Tippt man die Anfrage ein, anstatt sie zu sprechen, reicht auch einfach der Suchbegriff.

Seit dem Anniversary Update kann Cortana auch die Inhalte von Dokumenten im eigenen Office-365-Benutzerkonto durchsuchen.

Audiogeräte für Cortana einrichten

Damit die Sprachsteuerung für Cortana funktioniert, müssen Mikrofon und Lautsprecher oder ein Headset eingerichtet sein. In den meisten Fällen erledigt Windows das automatisch. Hat der PC aber mehrere Anschlüsse für Audiogeräte, kann es passieren, dass nichts zu hören ist.

Mit einem Rechtsklick auf das Lautsprechersymbol im Infobereich der Taskleiste öffnen Sie die Einstellungen für Wiedergabe- und Aufnahmegeräte.

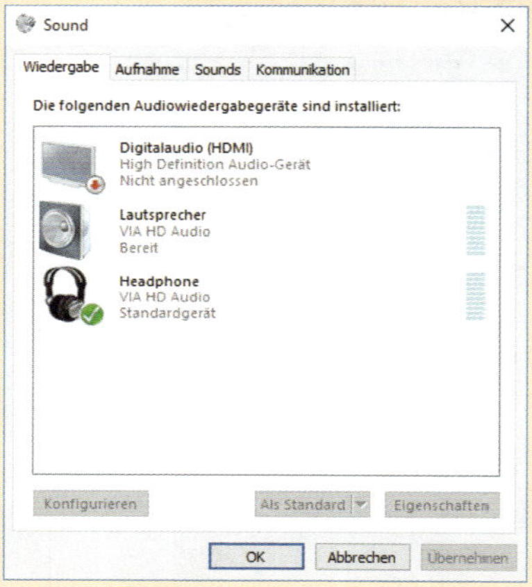

Wählen Sie hier die verwendeten Geräte und über die *Eigenschaften*-Schaltflächen auch die verwendeten Anschlussbuchsen. Mit einem Rechtsklick auf einen Lautsprecher oder Kopfhörer können Sie einen Testsound abspielen.

Cortana kennt den eigenen Terminkalender

Cortana kann an Termine erinnern und auch selbstständig Inhalte wie Nachrichten, Verkehrsmeldungen oder Wetter vorschlagen. Auf mobilen Geräten kann man sich – abhängig vom aktuellen Standort – lokale Gastronomie empfehlen lassen.

Wer nicht jedes Mal seinen Terminkalender öffnen will, nur um zu wissen, ob Termine anstehen, kann einfach Cortana fragen. So liefert Cortana zum Beispiel auf die Frage *Wann habe ich den nächsten Termin?* alle Termine des laufenden Tages. *Welche Termine habe ich nächsten Mittwoch?* liefert alle Termine des gefragten Tages. Dabei muss man kein Datum angeben, Cortana findet anhand der Frage den gewünschten Tag.

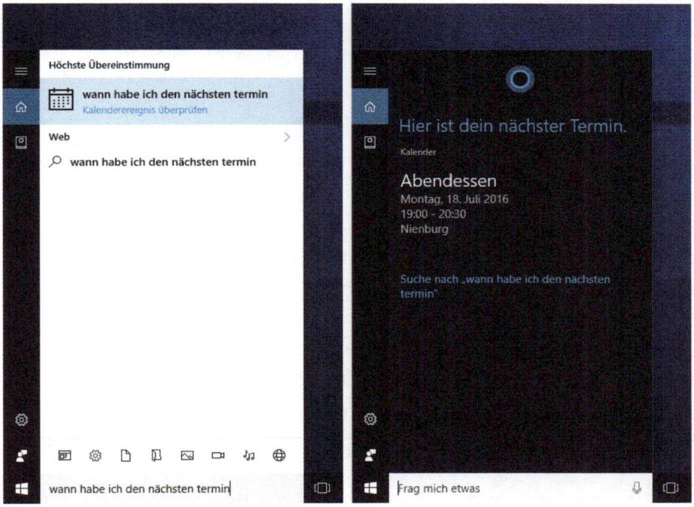

Cortana findet Termine im Kalender.

Umgekehrt kann Cortana auch Termine anlegen. *Trage einen Termin für nächsten Mittwoch ein* öffnet ein Formular und erstellt einen Termin. Dabei fragt Cortana noch nach einem Namen für den Termin sowie nach der Uhrzeit.

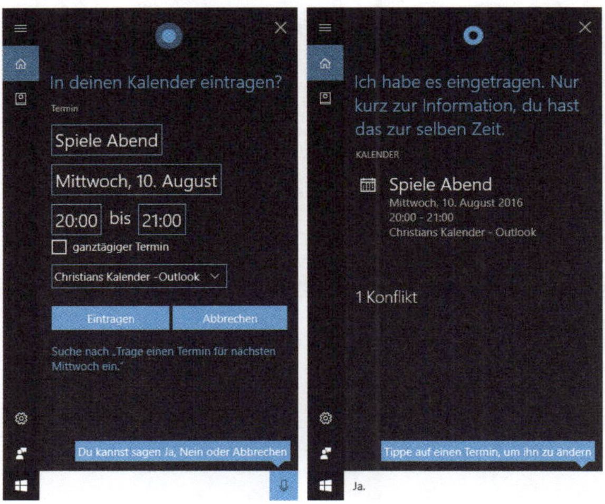

Cortana trägt einen Termin im Kalender ein.

Zum Schluss muss der Termin bestätigt werden, bevor er endgültig in den Kalender eingetragen wird.

Cortana als persönliche Assistentin

Um sich nur kurz an etwas erinnern zu lassen, braucht man nicht immer gleich einen Termin anzulegen. Cortana kann an kurzfristige Aktivitäten erinnern, ohne gleich einen Termin im Kalender daraus zu machen. *Erinnere mich in 10 Minuten an das Abendessen* legt eine solche Erinnerung an. Zum gewählten Zeitpunkt erscheint eine Meldung auf dem Bildschirm und im Info-Center.

Statt zu einer bestimmten Zeit kann Cortana den Benutzer auch erinnern, wenn ein mobiles Gerät einen bestimmten Ort erreicht. Dazu werden die Erinnerungen zwischen allen eigenen Geräten über das Microsoft-Konto synchronisiert.

Cortanas Entwickler zeigten viel Fantasie und gaben ihr die Fähigkeit, auf einige – auch weniger sachliche – Fragen intelligent zu antworten.

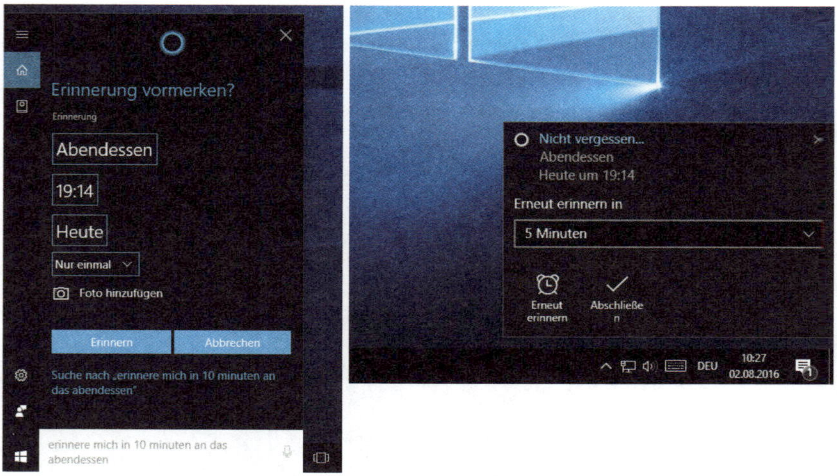

Cortana erinnert an kurzfristige Aktivitäten.

Cortana trainieren

Damit Cortana ihren Benutzer besser versteht, kann man sie in den *Einstellungen* darauf trainieren, die persönliche Stimme besser zu verstehen.

Cortana erkennt Musik

Jeder kennt das: Im Radio läuft ein schöner Musiktitel, aber man weiß nicht, wie er heißt und wer ihn singt, weil man die Ansage davor verpasst oder einfach nicht zugehört hat. Cortana hilft, den Titel wiederzufinden. Klicken Sie dazu – während die Musik läuft – rechts oben in Cortana auf das Musik-Symbol. Cortana hört ein paar Sekunden zu, zeichnet die Musik auf und überträgt sie an einen Server, der die Aufnahme auswertet und mit sehr hoher Treffsicherheit den passenden Titel findet. Klicken Sie auf das Ergebnis, öffnet sich der Windows Store, in dem Sie die Musik direkt kaufen können.

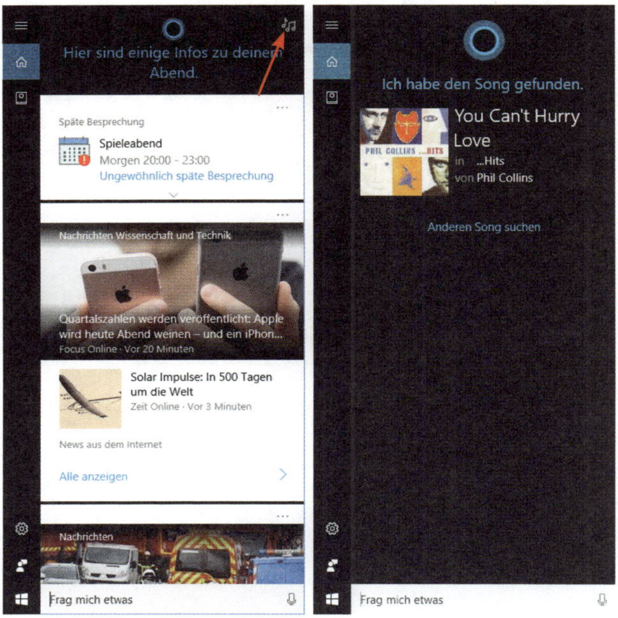

Musik mit Cortana erkennen und im Store anzeigen.

5. Apps finden, installieren und nutzen

Windows 8 beinhaltete erstmals einen eigenen Store, aus dem – nach dem Vorbild der App-Stores auf Smartphones – Apps heruntergeladen und installiert werden können. Dieser Windows Store wurde für Windows 10 komplett neu gestaltet, ist jetzt wesentlich übersichtlicher und enthält auch deutlich mehr Apps.

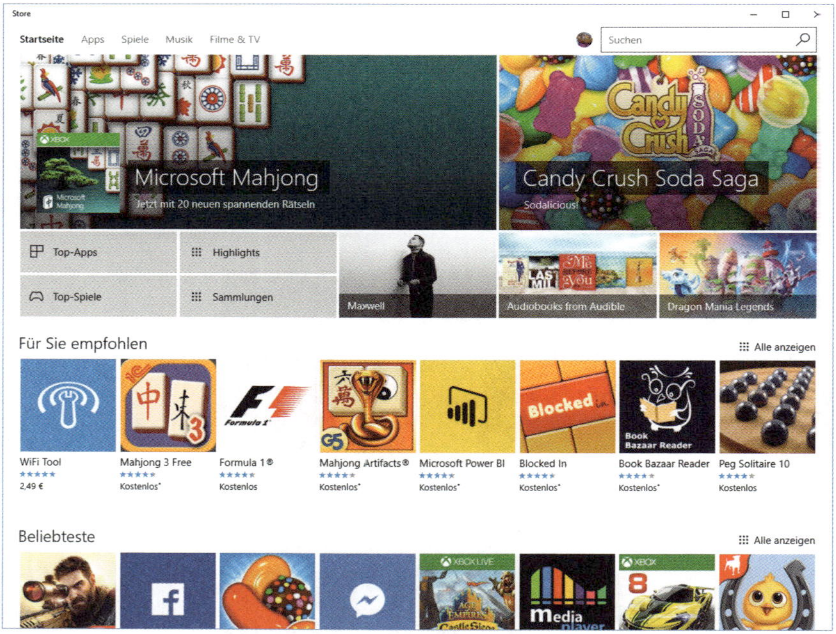

Die Startseite des neuen Windows Store.

Mit dem Anniversary Update bietet der Windows Store neben Apps auch Musik und Filme zum Verkauf an, was nicht gerade zur Übersichtlichkeit beiträgt, da diese Produkte jetzt auch in der Suche mit auftauchen.

Der Windows Store stellt die einzige Möglichkeit dar, die modernen Apps zu installieren. Anwendungen für den klassischen Desktop werden weiter wie gewohnt installiert. Zur Nutzung des Windows Store ist die Anmeldung mit einem Microsoft-Konto erforderlich.

Die Apps im Windows Store sind nach Themen sortiert, im regelmäßigen Wechsel werden bestimmte Apps auf der Startseite vorgestellt. Die beliebtesten Apps sind in den Top-Listen leicht zu finden. Das Suchfeld oben rechts hilft, eine bestimmte App zu finden.

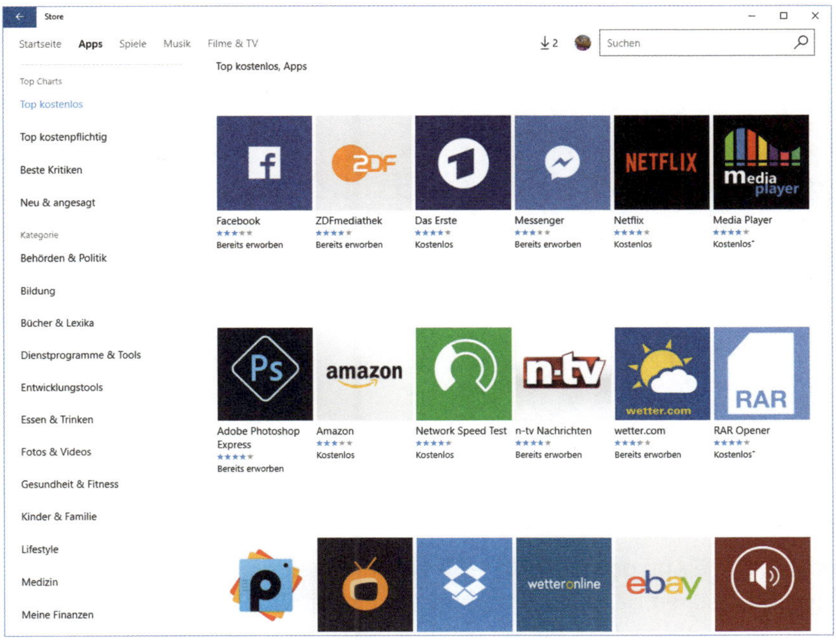

Die Apps der Rubrik »Top kostenlos« im Windows Store.

Um die weitere Installation brauchen Sie sich bei Windows-Store-Apps nicht mehr zu kümmern. Alles läuft automatisch, und nach Abschluss der Installation taucht die App im Startmenü auf. Allerdings gibt es im Gegensatz zu klassischen Programmen keine Möglichkeit der benutzerdefinierten Installation oder der freien Wahl des Installationsverzeichnisses.

Seit dem Anniversary Update zeigt der Windows Store über das eigene Profilbild oben neben dem Suchfeld einen Downloadverlauf an, in dem Sie alle Updates und Installationen sehen, auch wenn mal eine Installation fehlgeschlagen ist.

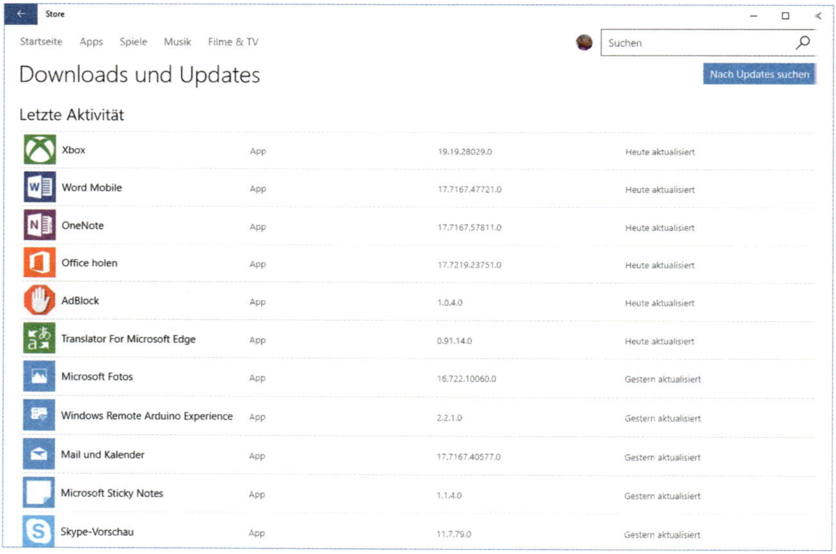

Downloads und Updates im neuen Windows Store.

Apps als Fenster oder Vollbild

Ob moderne App oder klassische Desktop-Anwendung, der Unterschied zwischen beiden Programmtypen ist in Windows 10 nicht mehr so deutlich wie in Windows 8.1. Jedes Programm kann in einem frei verschiebbaren Fenster laufen, dessen Größe veränderbar ist.

Wie schon immer in Windows lassen sich Fenster maximieren, sodass das Programm den ganzen Bildschirm füllt. Einige moderne Apps zeigen oben rechts im Fenster ein Doppelpfeilsymbol, das sie in einem ech-

Die typischen Fenstersymbole in der rechten oberen Ecke eines App-Fensters.

ten Vollbildmodus darstellt, der im Gegensatz zu maximierten Fenstern alle klassischen Bedienelemente verschwinden lässt.

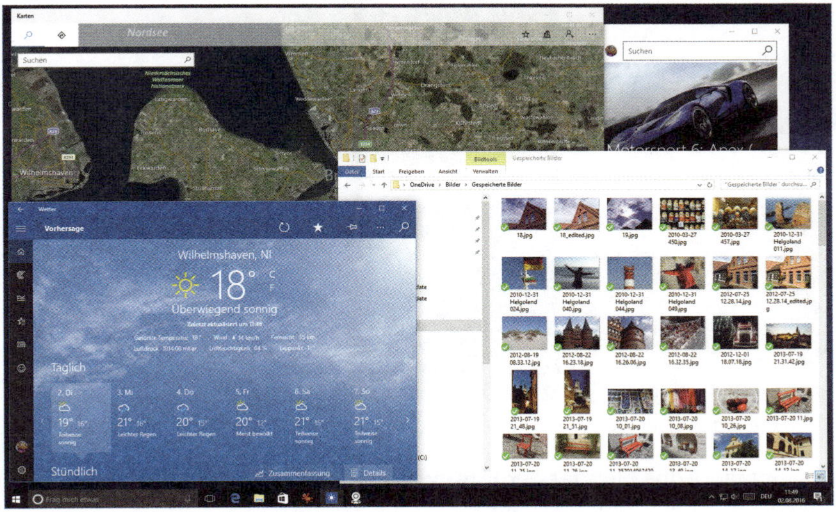

Apps und klassische Programme in Fenstern.

Grundlegende Bedienung der neuen Apps

Die meisten Windows-Store-Apps haben keine klassische Menüleiste mehr, wie man sie von früheren Windows-Programmen kannte. Damit sich die Apps gleichermaßen mit der Maus wie auch über den Touchscreen bedienen lassen, sind alle Schaltflächen deutlich größer als in klassischen Programmen.

Viele Apps verwenden ein sogenanntes Hamburger-Menü, ein Symbol mit drei waagerechten Linien in der linken oberen Fensterecke, das beim Draufklicken eine Seitenleiste mit Bedienelementen am linken Fensterrand einblendet. Der Name kommt vom Aussehen dieses Buttons, das den Schichten eines Hamburgers ähnelt.

Das Hamburger-Menü in der Wetter-App.

Bei einigen Apps blendet der Hamburger-Button nur ein kleines Systemmenü ein, das unter anderem zu App-Einstellungen und der *Teilen*-Funktion führt, die in Windows 8.1 noch über die Charms-Leiste erreichbar waren.

Das Menü in der Wikipedia-App.

Wo ist die Teilen-Funktion aus Windows 8.1 geblieben?

Der Begriff »Teilen«, ein neues Modewort, das neuerdings in jeder Software vorkommt, zu Zeiten von Windows XP aber noch völlig unbekannt war, bedeutet sowohl »versenden« als auch »veröffentlichen«. Teilen wird häufig im Zusammenhang mit dem Versand von Fotos auf unterschiedlichen Kommunikationswegen verwendet, beispielsweise über E-Mails, Twitter, Blogs und Facebook.

Windows 8.1 verfügte über eine globale *Teilen*-Funktion, die über ein Symbol der Charms-Leiste in fast allen Apps genutzt werden konnte. Einige Apps enthalten auch in Windows 10 noch ein *Teilen*-Symbol, manchmal auch als *Freigeben* bezeichnet, aber nicht mehr an einheitlicher Stelle, und es werden auch nicht mehr so viele Apps zum Teilen automatisch eingebunden. In einigen Apps ist diese Funktion nur noch über das Systemmenü beim Klick auf die linke obere Fensterecke zu finden.

> **Noch einfacher teilen**
>
> Noch einfacher teilen Sie mit der Tastenkombination ⊞+H aktuell angezeigte Inhalte, wie z. B. Fotos aus einer App heraus.

Ein Klick auf das *Teilen*-Symbol blendet am rechten Bildschirmrand die aus Windows 8.1 bekannte Seitenleiste ein, in der alle Apps aufgelistet sind, die sich zum Teilen des gewählten Inhalts eignen.

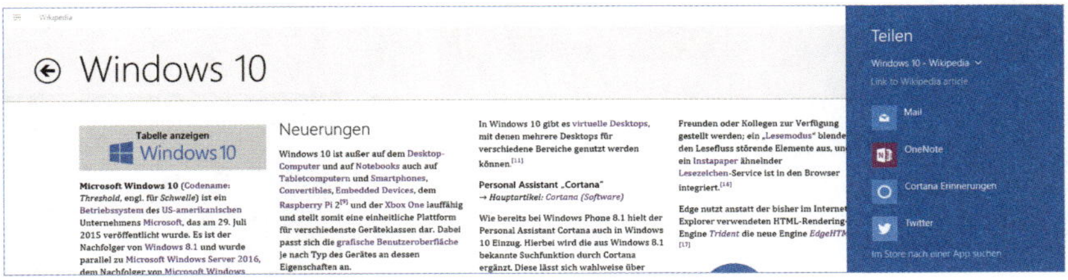

Artikel aus der Wikipedia-App teilen.

Wählen Sie die gewünschte App, diese öffnet sich in der rechten Bildschirmhälfte direkt mit dem zu teilenden Inhalt. Auf diese Weise können Sie etwa ein Bild oder einen Link aus einer App per E-Mail verschicken oder auf Facebook posten.

Link zu einem Artikel aus der Wikipedia-App per E-Mail versenden.

Je nach App werden unterschiedliche Inhalte geteilt. Auf dem PC gespeicherte Fotos und andere Dateien werden beim Teilen direkt als Anhang an die E-Mail versendet.

Bei Onlineinhalten wird meistens ein Link verschickt. Auch die Nachrichten-App, Wikipedia und einige andere verschicken Links, damit die Inhalte auch von Personen zu nutzen sind, die nicht Windows 10 verwenden.

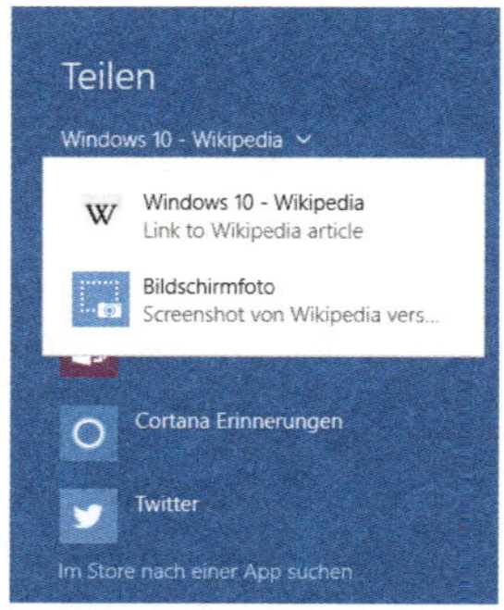

Auswahl zwischen Link und Screenshot beim Teilen aus der Wikipedia-App.

Bei den meisten Apps können Sie ganz oben in der Seitenleiste *Teilen* wählen, ob ein Link oder ein Screenshot verschickt werden soll. Je nachdem werden dann unterschiedliche Apps zum Teilen angeboten.

Seit dem Anniversary Update kann man über die Seitenleiste *Teilen* eine Cortana-Erinnerung erstellen.

Der geteilte Inhalt wird als Kommentar in die Erinnerung geschrieben. Der Betreff der Erinnerung sowie Uhrzeit, Kontakt oder Ort, die die Erinnerung auslösen, müssen anschließend noch eingetragen werden.

Klassische Desktop-Anwendungen haben üblicherweise ihre eigenen Funktionen zum Teilen von Inhalten und unterstützen die Seitenleiste zum Teilen nicht.

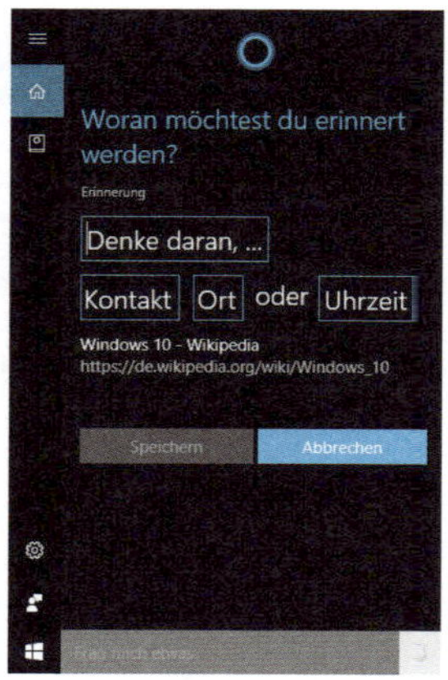

Cortana-Erinnerung über die Teilen-Funktion anlegen.

Nicht mehr benötigte Apps deinstallieren

Irgendwann ist die Festplatte voll oder Sie wollen nur einmal wieder Übersicht in der Apps-Liste haben. Wie auch immer, es wird der Zeitpunkt kommen, an dem Sie bestimmte Apps wieder entfernen möchten. Das Deinstallieren von Apps ist in Windows 10 deutlich einfacher geworden, man braucht nicht mehr den Umweg über die Systemsteuerung zu gehen. Klicken Sie einfach mit der rechten Maustaste auf einen Eintrag im Startmenü und wählen Sie im Kontextmenü *Deinstallieren*. Windows-Store-Apps werden auf diesem Weg direkt deinstalliert, bei klassischen Desktop-Programmen wird weiterhin die Systemsteuerung aufgerufen, um das jeweilige Programm vom PC zu entfernen.

App über das Startmenü deinstallieren.

Wie viel Platz verbraucht eine App?

Früher war es nicht immer leicht, die wirklichen Speicherplatzfresser zu finden. Wenn die Festplatte voll ist – welche Apps sollte man als Erstes deinstallieren, um Platz zu gewinnen? Windows 10 zeigt in den *Einstellungen* im Bereich *System* unter *Apps & Features* den Speicherbedarf aller installierten Apps an. Dies gilt im Gegensatz zu Windows 8.1 nicht mehr nur für die modernen Windows-Store-Apps, sondern auch für klassische Anwendungen. Besonders Spiele und Multimedia-Apps verbrauchen extrem viel Speicherplatz.

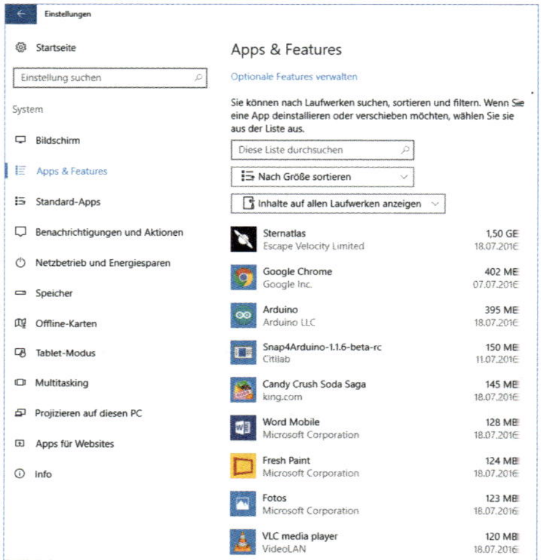

Die Liste der installierten Apps.

Die Liste lässt sich nach verschiedenen Kriterien sortieren. Nach der Größe sortiert, findet man schnell heraus, wie sich am meisten Speicherplatz gewinnen lässt.

Durch einfaches Anklicken lassen sich nicht mehr benötigte Apps direkt aus dieser Liste heraus deinstallieren. Wird der Speicherplatz auf dem Laufwerk *C:* knapp, können Sie in den *Einstellungen* unter *System/Apps & Features* ein anderes Laufwerk zum Speichern von Apps festlegen.

Installieren Sie Apps nur auf internen Festplatten, nicht auf externen Laufwerken. Die Installation funktioniert auch nicht auf Netzwerklaufwerken, diese werden von Windows 10 daher gar nicht erst zur Auswahl angeboten.

Diese Auswahl gilt nicht für klassische Programme. Bei diesen kann man üblicherweise während der Installation ein Laufwerk und Verzeichnis wählen.

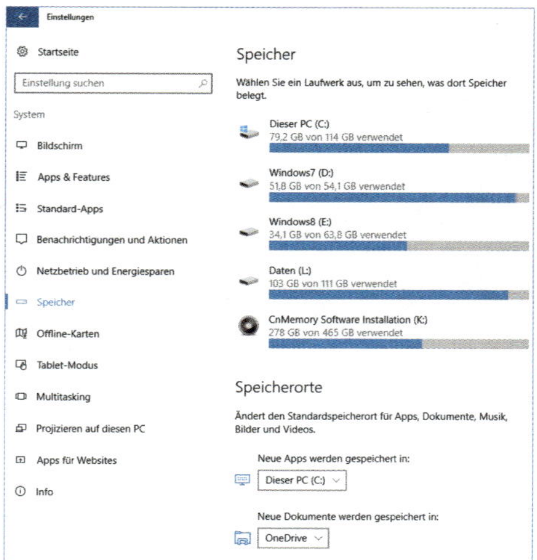

Auswahl des Speicherorts zur Installation von Windows-Store-Apps.

6. Der neue »klassische« Desktop

Gegenüber Windows 8.1 nimmt in Windows 10 der Desktop wieder eine zentrale Rolle ein. Wie schon in früheren Windows-Versionen können Sie Programmsymbole, Dateien und Ordner zum Schnellstart auf dem Desktop ablegen und auch ein persönliches Hintergrundbild wählen.

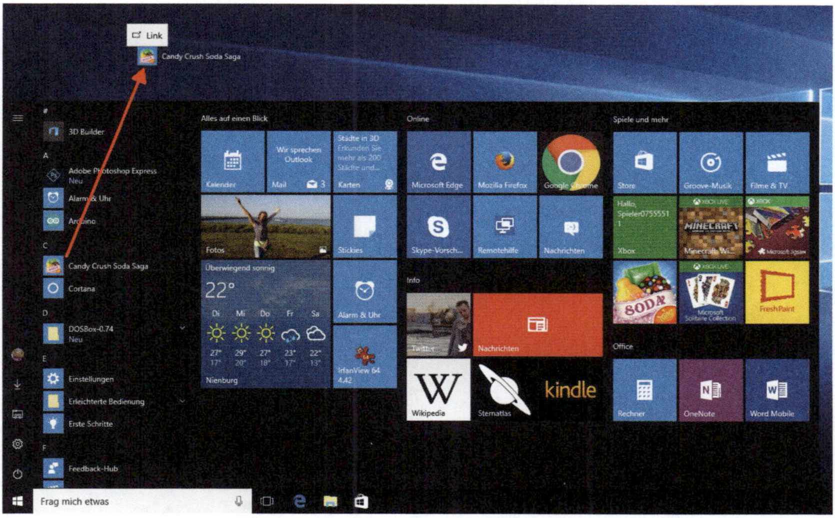

Desktop-Verknüpfung erstellen.

Um ein Programmsymbol als Verknüpfung auf den Desktop zu legen, ziehen Sie es einfach aus dem Startmenü heraus. Auf den ersten Blick sieht es aus, als ob das Programm aus dem Startmenü verschwinden würde, es bleibt aber dort erhalten. Auf dem Desktop erscheint wie in früheren Windows-Versionen eine Verknüpfung.

Das funktioniert mit jedem Programm, sowohl mit Windows-Store-Apps als auch mit klassischen Anwendungen.

Fenster auf dem Desktop anordnen

Um auf großen Bildschirmen zwei Fenster nebeneinander zu nutzen – egal ob moderne Apps oder klassische Programme –, ziehen Sie ein Fenster ganz nach links oder rechts. Es wird dann automatisch am jeweiligen Bildschirmrand ausgerichtet und belegt die volle Höhe und halbe Breite des Bildschirms. Noch schneller richten Sie ein Fenster mit den Tastenkombinationen ⊞+← und ⊞+→ am Bildschirmrand aus.

Windows zeigt in der anderen Bildschirmhälfte eine Vorschau aller geöffneten Fenster an, in der Sie eines auswählen können, um dieses ebenfalls auf halber Bildschirmgröße anzuzeigen.

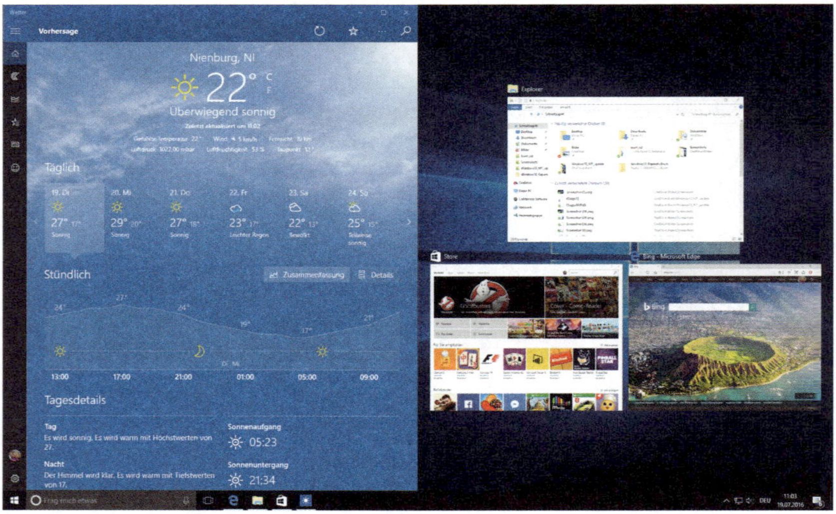

Fenster in einer Bildschirmhälfte ausrichten.

Durch Ziehen in die Bildschirmecken können Sie auch vier Fenster automatisch in vier Bildschirmquadraten ausrichten. Wenn mehrere Fenster frei auf dem Bildschirm geöffnet sind, können Sie diese auch automatisch nebeneinander ausrichten. Klicken Sie dazu mit der rechten Maustaste auf die Taskleiste und wählen Sie im Kontextmenü *Fenster nebeneinander anzeigen*.

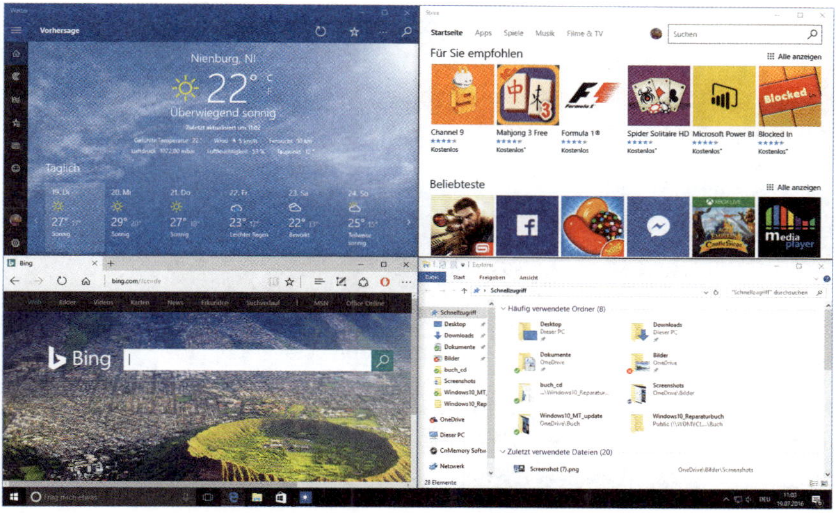

Vier Fenster auf dem Bildschirm ausrichten.

Mehrere Desktops nutzen

Wer mit vielen offenen Fenstern auf dem Desktop arbeitet, verliert schnell die Übersicht. Windows 10 bietet die Möglichkeit, mehrere Desktops anzulegen, die jeweils nur einen Teil der geöffneten Fenster enthalten. Je nachdem, was man gerade am PC tut, schaltet man auf den entsprechenden Desktop um, anstatt immer das passende Programmfenster suchen zu müssen.

Das Taskleistensymbol *Taskansicht* zeigt einen Übersichtsbildschirm aller geöffneten Fenster. Hier legen Sie mit dem Plussymbol ganz rechts neue Desktops an und verschieben die Fenster einzeln auf den gewünschten Desktop. Auf jedem Desktop können später auch neue Programme geöffnet werden.

Mit den Tastenkombinationen ⊞+Strg+← und ⊞+Strg+→ wechseln Sie zwischen den Desktops. Beim Schließen eines Desktops werden noch offene Fenster nicht einfach beendet, sondern auf einen vorhandenen Desktop verschoben.

Zwischen verschiedenen Desktops umschalten.

Über einen Rechtsklick auf ein Vorschaubild eines Windows-Fensters in der Taskansicht können Sie dieses Fenster auf allen Desktops anzeigen oder sogar festlegen, dass in Zukunft alle Fenster dieses Programms oder dieser App auf allen Desktops angezeigt werden.

Der Windows-Explorer

Der Windows-Explorer, auch in Windows 10 als Dateimanager ins Betriebssystem integriert, bietet für Windows-8.1-Anwender nur wenige Neuerungen. Wie in früheren Windows-Versionen wird der Explorer über ein Symbol in der Taskleiste oder über die Tastenkombination [Win]+[E] gestartet. Außerdem gibt es einen Menüpunkt ganz unten im Startmenü.

Wer von Windows 7 umsteigt, wird sich in Sachen Bedienung deutlich umstellen müssen. Die klassischen Symbolleisten und Menüs sind verschwunden, der Explorer zeigt sich jetzt mit Menübändern im Stil von Office ab Version 2013.

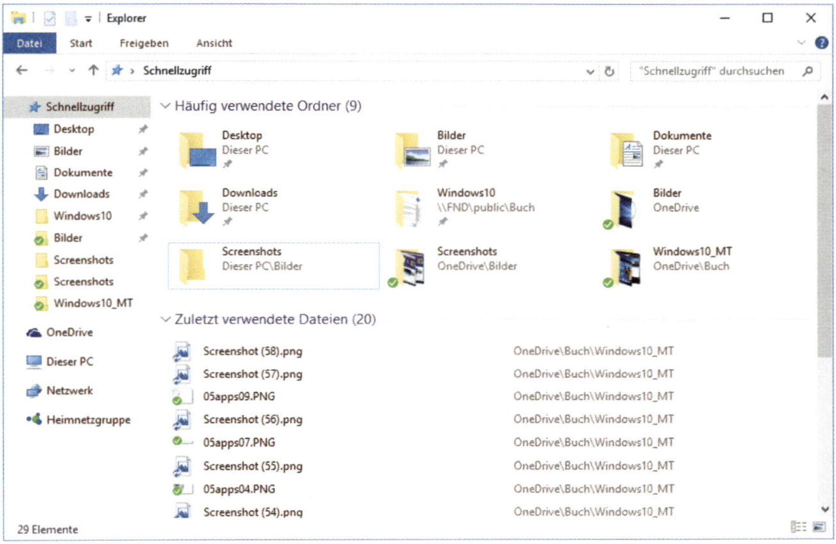

Die Startansicht des Explorers.

Da diese Menübänder in Windows 8.1 auf kleinen Bildschirmen einen großen Teil des Fensters belegten und den Explorer schwer nutzbar machten, sind sie in Windows 10 standardmäßig minimiert und werden erst mit einem Klick auf einen Fenstertitel eingeblendet. Möchten Sie die Menübänder trotzdem immer sehen, klicken Sie auf den kleinen Pfeil rechts neben den Symbolen in der Fenstertitelleiste und deaktivieren dort den Schalter *Menüband minimieren*.

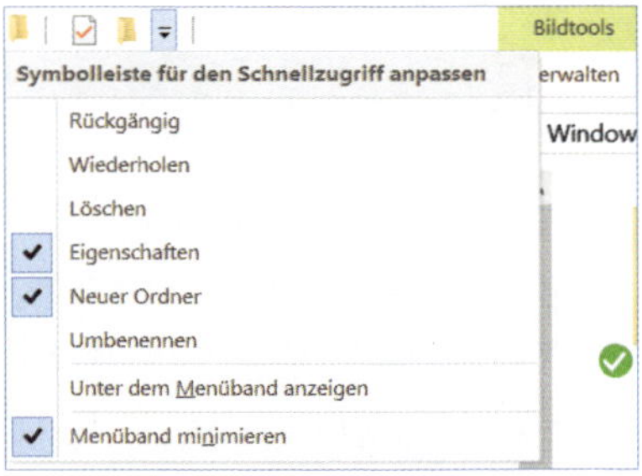

Das Kontextmenü in der Symbolleiste im Fenstertitelbalken.

In diesem Kontextmenü können Sie auch noch weitere Symbole für wichtige Aktionen im Explorer im Schnellzugriffsbereich der Fenstertitelleiste anzeigen lassen.

In der neuen Windows-10-Oberfläche wurden neben vielem Altbekannten auch ein paar interessante neue Funktionen eingebaut. Nutzer von Windows 8.1 kennen bereits die Buttons *Verschieben nach* und *Kopieren nach* im Menüband *Start*, mit denen Dateien einfach an einen beliebigen Ort innerhalb der Verzeichnisstruktur kopiert werden können. Da man oft immer wieder die gleichen Verzeichnisse braucht, ist der Explorer an dieser Stelle lernfähig und schlägt diese beim nächsten Mal wieder vor.

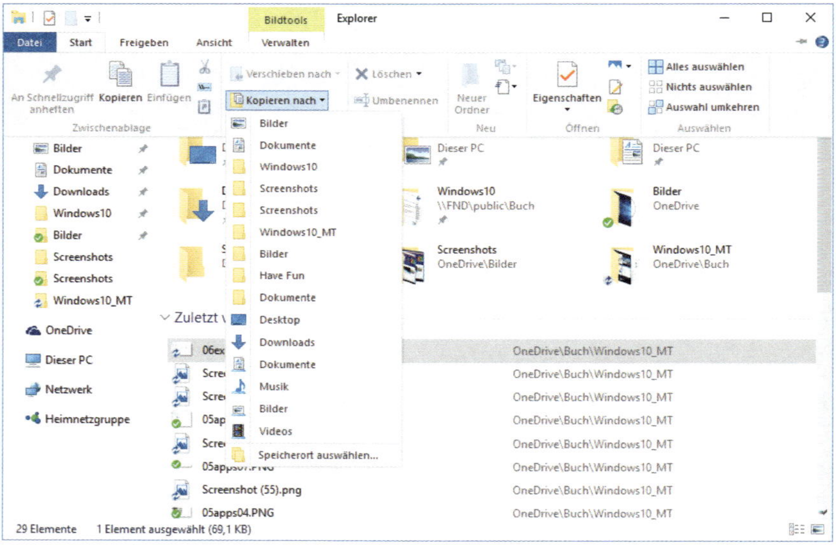

Dateien auf einfache Weise in ein anderes Verzeichnis kopieren.

Die ehemaligen Favoriten im Explorer von Windows 7 und 8.1 wurden in Windows 10 durch einen Schnellzugriffbereich ersetzt, der auch beim Start des Explorers angezeigt wird.

Dieser kombiniert automatisch Favoriten mit der Liste häufig verwendeter Ordner. Mit einem Rechtsklick auf einen beliebigen Ordner können Sie diesen jederzeit an den Schnellzugriff anheften. Umgekehrt lassen sich Ordner über das Kontextmenü aus dem Schnellzugriffbereich wieder lösen.

Laufwerkübersicht statt Schnellzugriff

Die frühere Startansicht des Explorers mit einer Übersicht aller Laufwerke ist jetzt über den Link *Dieser PC* im Navigationsbereich zu finden.

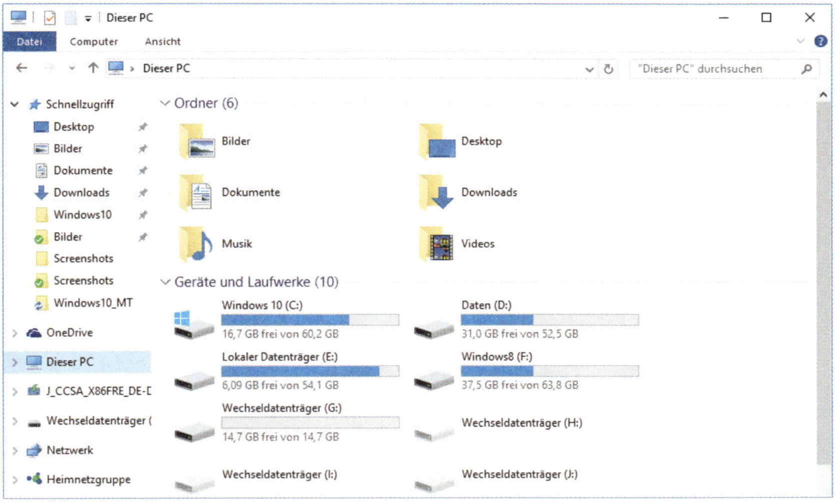

Der Explorer in der Ansicht »Dieser PC«.

Möchten Sie beim Start des Explorers immer die Ansicht *Dieser PC* sehen, klicken Sie oben links auf das Menü *Datei* und wählen dort *Ordner- und Suchoptionen ändern*. Im nächsten Dialogfeld können Sie ganz oben zwischen *Schnellzugriff* und *Dieser PC* wählen.

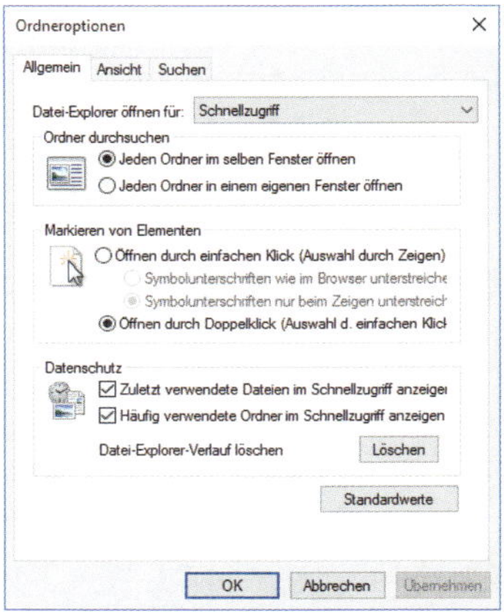

Ordneroptionen im Explorer einstellen.

Bibliotheken in Windows 10

Die aus Windows 7 und 8 bekannten Bibliotheken werden in Windows 10 standardmäßig nicht mehr angezeigt, können aber noch verwendet werden. Um die Bibliotheken aufzurufen, müssen sie im Menüband unter *Ansicht* unter dem Symbol *Navigationsbereich* eingeschaltet werden.

Dateien aus dem Explorer freigeben

Um eine Datei aus dem Explorer per E-Mail oder auf anderen Wegen zu teilen, markieren Sie die Datei und klicken im Menüband unter *Freigeben* auf das Symbol *Freigabe*. Daraufhin öffnet sich eine Leiste am rechten Bildschirmrand mit allen Apps, die Dateien dieses Typs teilen können. Wählen Sie die gewünschte App aus, diese öffnet sich automatisch mit der markierten Datei.

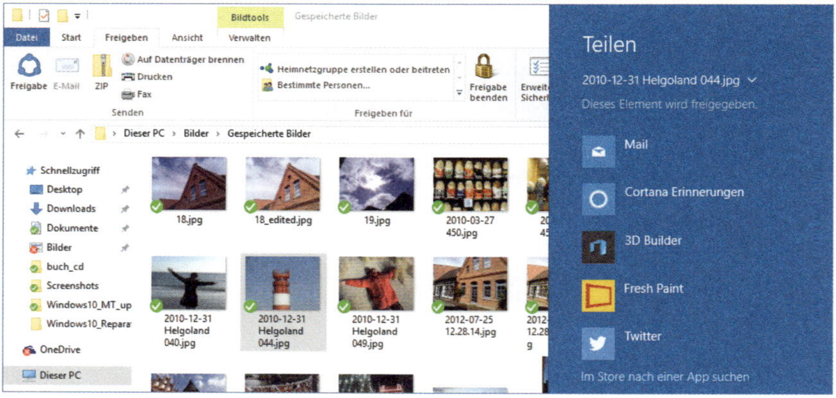

Dateien aus dem Explorer teilen.

OneDrive in Windows 10

OneDrive, der Nachfolger von Microsofts Cloud-Speicherdienst SkyDrive, ist in Windows 10 fest integriert, obwohl die neue App, die auf der modernen Oberfläche von Windows 8.1 gleichzeitig die Funktionen eines lokalen Dateimanagers übernommen hatte, schon wieder verschwunden ist. OneDrive legt einen lokalen Ordner auf der Festplatte an, dessen Inhalte und Unterordner mit dem Cloud-Speicher automatisch synchronisiert werden, sodass die Daten auch ohne permanente Internetverbindung zur Verfügung stehen.

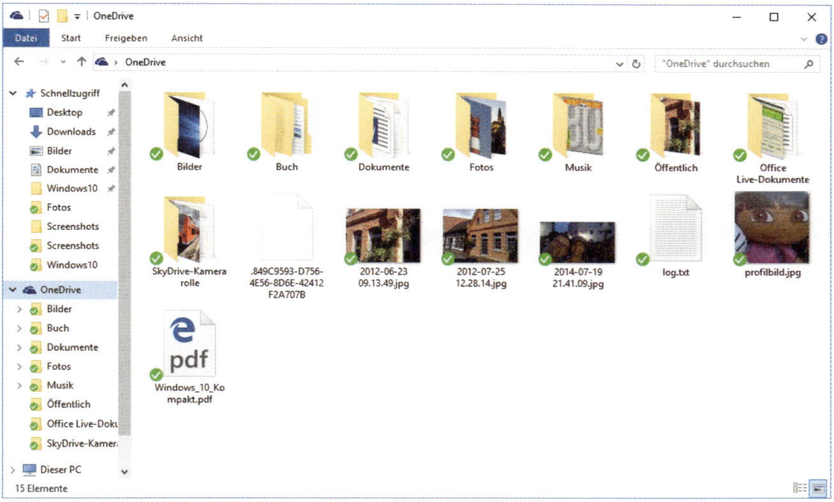

Der OneDrive-Ordner im Explorer.

Bei der ersten Einrichtung wird festgelegt, welche vorhandenen OneDrive-Ordner auf den PC übertragen werden sollen. Natürlich lässt sich diese Auswahl später noch jederzeit ändern. Klicken Sie dazu mit der rechten Maustaste auf eine beliebige Datei in einem OneDrive-Ordner und wählen Sie im Kontextmenü *Zu synchronisierende OneDrive-Ordner wählen*.

Entfernt man einen Ordner aus der Auswahl, wird er von der lokalen Festplatte gelöscht und nicht mehr synchronisiert.

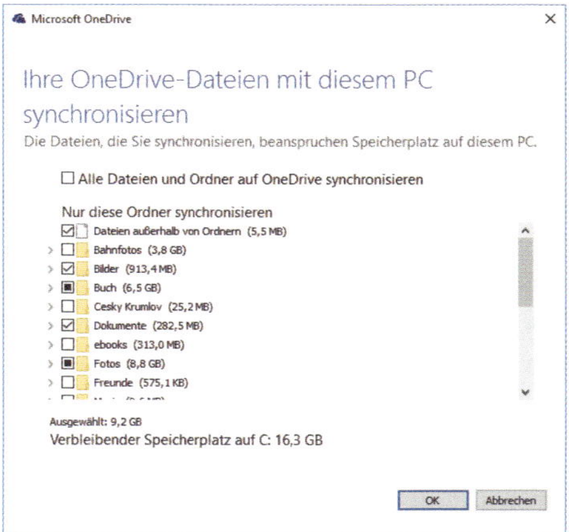

Ordner aus OneDrive zur Synchronisation auswählen.

Die Daten in der Cloud bleiben erhalten und können mit anderen Geräten, die mit dem gleichen Microsoft-Konto angemeldet sind, weiterhin synchronisiert werden.

OneDrive wird im Navigationsbereich des Explorers prägnant angezeigt, man braucht sich nicht zur tatsächlichen Position des Ordners in der Verzeichnisstruktur durchzuhangeln. Bei allen Dateien und Unterordnern wird der aktuelle Synchronisationsstatus mit farbigen Symbolen angezeigt.

- Dateien und Ordner, die mit dem Cloud-Speicher synchron sind, werden mit einem grünen Häkchen gekennzeichnet.
- Dateien und Ordner, die seit der letzten Synchronisierung verändert wurden und daher mit dem Cloud-Speicher nicht synchron sind, haben ein graues Doppelpfeilsymbol.

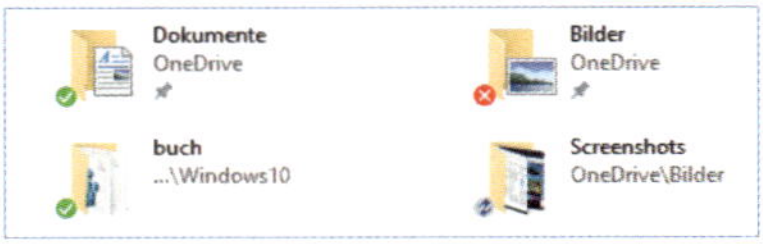

OneDrive-Synchronisationssymbole bei Ordnern im Explorer.

- Dateien und Ordner, die wegen eines Fehlers nicht synchronisiert werden konnten, haben ein rotes x-Symbol.

Um Dateien auf OneDrive abzulegen, kopieren Sie diese einfach auf dem PC in den OneDrive-Ordner oder einen Unterordner. Sie werden dann automatisch auf OneDrive übertragen.

Daten per OneDrive teilen

Alle Daten auf OneDrive sind erst einmal nur für Sie selbst sichtbar, Sie können einzelne Dateien aber einfach mit Freunden teilen. Klicken Sie dazu mit der rechten Maustaste auf die gewünschte Datei in einem OneDrive-Ordner im Explorer und wählen Sie im Kontextmenü *Einen OneDrive-Link freigeben*.

Der Freigabelink wird automatisch in die Zwischenablage kopiert und kann anschließend in jeder App, zum Beispiel in einer E-Mail, eingefügt werden.

Der Empfänger kann solche Freigabelinks direkt im Browser öffnen und die Datei herunterladen, auch ohne selbst OneDrive oder Windows 10 benutzen zu müssen. Auf diese Weise lassen sich große Dateien deutlich komfortabler versenden als per E-Mail-Anhang.

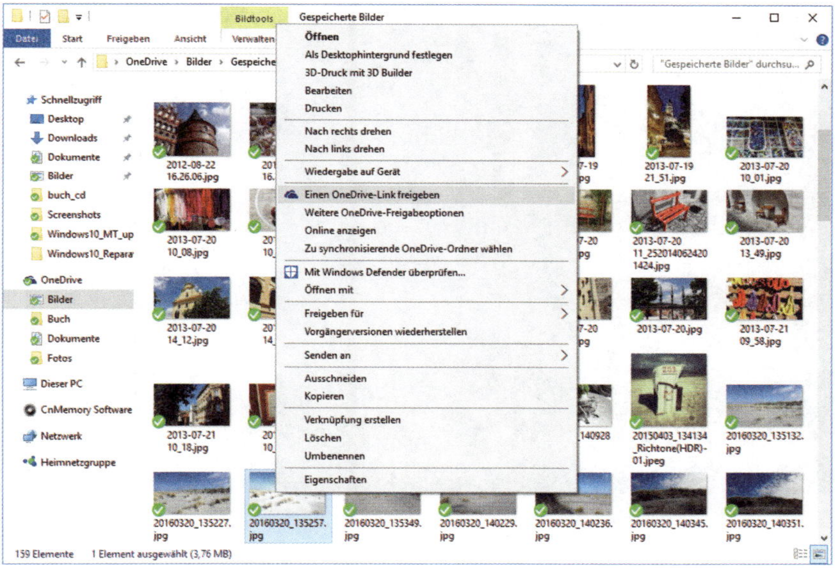

OneDrive-Link aus dem Explorer freigeben.

Das Info-Center

Windows 10 fasst alle Benachrichtigungen durch Apps, Termine, neue E-Mails oder Systemereignisse ähnlich wie bei Windows Mobile übersichtlich zusammen. Dieses Info-Center wurde mit dem Anniversary Update deutlich erweitert, was aber nicht nur Vorteile hat. Die einzelnen Benachrichtigungen und vor allem die Zwischenräume belegen jetzt deutlich mehr Platz, sodass man schon bei wenigen Benachrichtigungen auf dem Bildschirm scrollen muss. Auf Tablets öffnet eine Wischbewegung vom rechten Bildschirmrand das neue Info-Center, auf PCs ein Klick auf das Nachrichtensymbol unten rechts. Dieses zeigt die Anzahl ungelesener Nachrichten an. Ein Klick auf eine Nachricht öffnet wie bei einem Smartphone die entsprechende App wie *Mail*, *Kalender* oder andere. Mit dem x-Symbol oben rechts in jeder Benachrichtigung oder durch Drücken auf das Mausrad lassen sich diese schließen, ohne sie in einer App öffnen zu müssen.

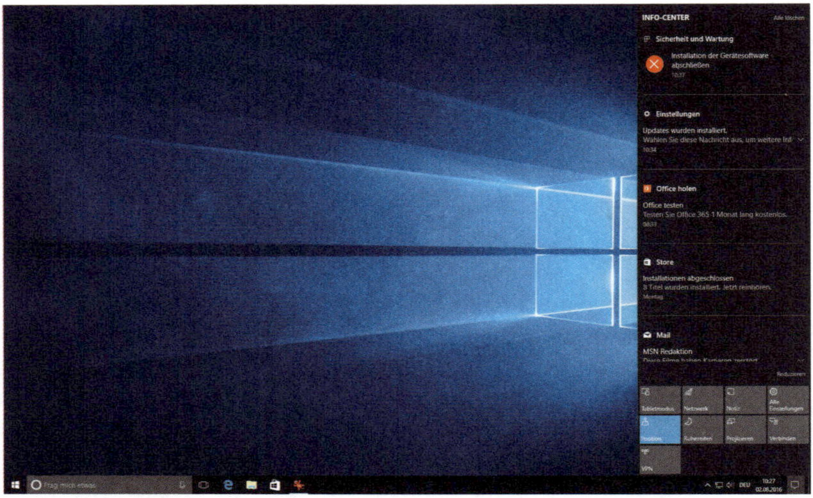

Das Info-Center in Windows 10.

Der untere Teil des Info-Centers zeigt je nach Ausstattung des Gerätes diverse Symbole zum Schnellzugriff auf wichtige Systemeinstellungen:

- *Tabletmodus* – schaltet in einen speziellen für den Touchscreen optimierten Modus für Tablets um, in dem die meisten Apps, ähnlich wie unter Windows 8.1, im Vollbildmodus laufen.
- *Verbinden* – verbindet den Computer über eine Drahtlosverbindung mit einem externen Monitor oder Beamer.
- *Notiz* – öffnet OneNote, um eine neue Notiz anzulegen.
- *Alle Einstellungen* – öffnet die Einstellungen-App.
- *Ruhezeiten* – schaltet zu bestimmten Tageszeiten alle akustischen Benachrichtigungen aus.
- *Position* – legt fest, ob Apps den aktuellen Standort nutzen und auswerten können.
- *Bluetooth* – schaltet Bluetooth ein und aus (nur wenn verfügbar).
- *Netzwerk* – schaltet WLAN ein und aus (nur wenn verfügbar). Bei Ethernet-Verbindungen lassen sich die Netzwerkeinstellungen aufrufen.

- *Helligkeit* – regelt die Helligkeit stufenweise (nur auf Geräten mit Akku).
- *Rotationssperre* – schaltet die automatische Bildschirmdrehung ein und aus (nur auf Tablets).
- *Stromsparmodus* – schaltet den Stromsparmodus ein und aus (nur auf Geräten mit Akkubetrieb).
- *Mobil* – schaltet die Mobilfunkverbindung ein und aus (nur bei Geräten mit SIM-Karte).
- *Mobiler Hotspot* – schaltet das Gerät als mobilen Hotspot ein, damit andere Geräte die Mobilfunkverbindung per WLAN nutzen können (nur bei Geräten mit SIM-Karte).
- *Flugzeugmodus* – schaltet das Gerät in den Flugzeugmodus, alle Funkverbindungen werden ausgeschaltet (nur auf Tablets).
- *VPN* – öffnet den Einrichtungsdialog für eine VPN-Verbindung. Ist diese eingerichtet, kann sie über dieses Symbol verbunden werden.

Die Schaltfläche *Reduzieren* oder *Erweitern* zeigt entweder nur vier oder alle Schnellaktionsschaltflächen. In den *Einstellungen* unter *System/Benachrichtigungen und Aktionen* legen Sie die Anordnung der Schnellaktionsschaltflächen fest.

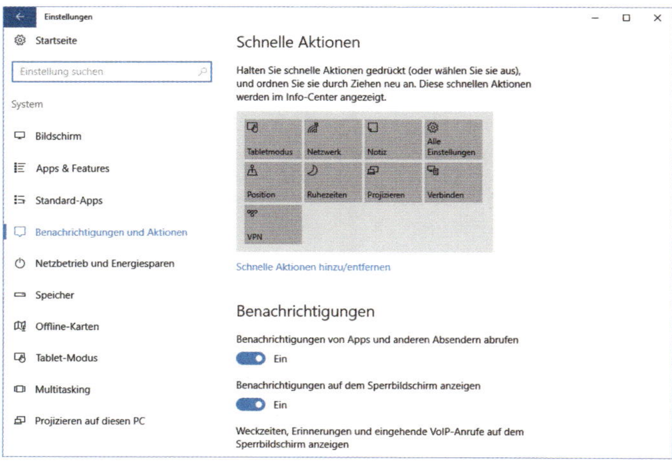

Schnellaktionssymbole in den Einstellungen anordnen.

Weiter unten auf dieser Einstellungsseite können Sie für jede App festlegen, ob sie im Info-Center benachrichtigen darf. Ein Klick auf die App bietet noch weitere Möglichkeiten, die Benachrichtigungstypen, die Anzahl an Nachrichten sowie deren Priorität festzulegen.

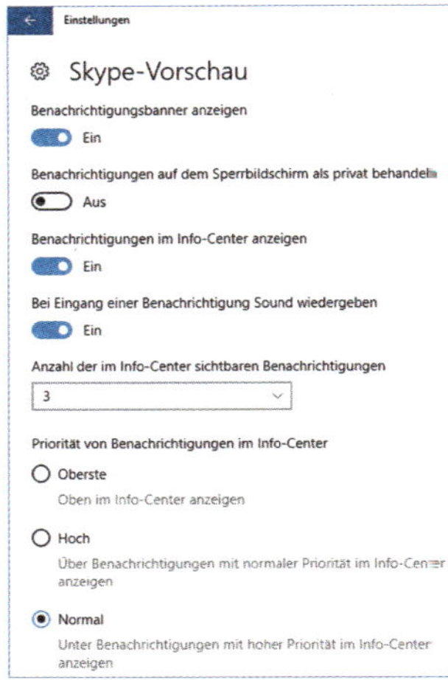

Benachrichtigungseinstellungen für eine App.

Neue Funktionen der Taskleiste

Die Taskleiste am unteren Bildschirmrand ist seit Windows 95 bekannt und bietet auch noch in Windows 10 weitgehend die gleichen Funktionen. Neu ist vor allem das integrierte Suchfeld für Cortana. Offene Fenster sind immer als Symbol in der Taskleiste zu sehen, Programmsymbole lassen sich aber zum schnellen Zugriff direkt dort anheften. Klicken Sie dazu mit der rechten Maustaste auf einen Eintrag im Startmenü und wählen Sie im Kontextmenü *An Taskleiste anheften*.

Ein Rechtsklick auf die Taskleiste blendet ein Kontextmenü ein, über das jetzt zusätzlich die neuen Elemente, das Cortana-Suchfeld, die *Taskansicht*-Schaltfläche zum Umschalten zwischen mehreren Desktops sowie das Symbol für die Bildschirmtastatur ein- oder ausgeschaltet werden können. Über die Einstellungen der Taskleiste lässt sich die Taskleiste automatisch ausblenden oder an einen anderen Bildschirmrand verschieben.

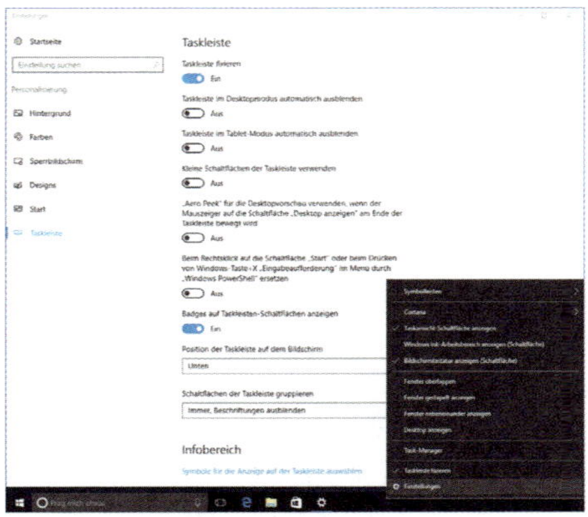

Das Kontextmenü und die neuen Einstellungen der Taskleiste.

7. Besonderheiten für Tablets

Windows 10 läuft gleichermaßen auf klassischen PCs, Notebooks, All-in-one-Geräten mit Touchscreen und Tastatur wie auch auf Tablets, die ausschließlich eine Bildschirmtastatur verwenden. Dabei wird bei Tablets anhand der Bildschirmgröße zwischen zwei verschiedenen Windows-10-Varianten unterschieden:

- Tablets mit Bildschirmgrößen von 8 Zoll und größer verwenden die »normale« Windows-10-Variante.
- Tablets mit Bildschirmgrößen kleiner als 8 Zoll verwenden die Variante Windows 10 Mobile, die auch auf Windows Phones läuft. Eine Ausnahme bilden die Tablets, die bereits mit Windows 8.1 ausgeliefert wurden, wie zum Beispiel das HP Stream 7. Diese erhalten bei der Aktualisierung Windows 10 Home und nicht Windows 10 Mobile. Soweit der Plan von Microsoft. Tatsächlich verwenden aber alle derzeit auf dem Markt befindlichen Tablets unabhängig von ihrer Bildschirmgröße die gleiche Windows-10-Edition, die auch PCs verwenden.

Der Tabletmodus – nicht nur für Tablets

Wer die Leichtigkeit in der Bedienung von Windows 8.1 schätzen gelernt hat, für den mag Windows 10 in mancherlei Hinsicht als Rückschritt wirken. Der Tabletmodus, der auch auf klassischen PCs funktioniert, bringt einen Teil der Windows-8.1-Nutzererfahrung in Windows 10 zurück.

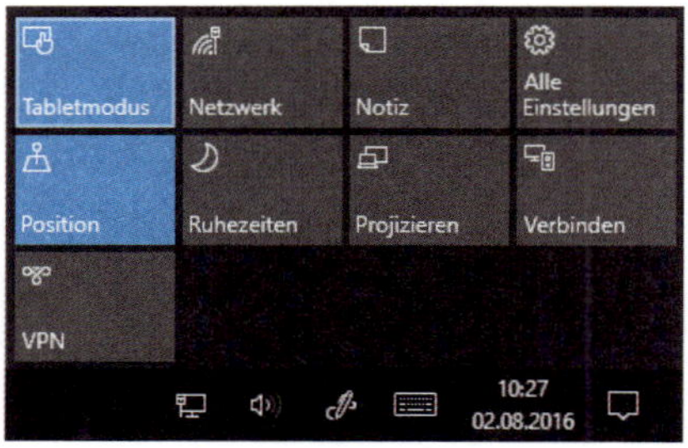

Tabletmodus im Info-Center einschalten.

Der Tabletmodus wird über ein Symbol im Info-Center eingeschaltet. In diesem Modus gibt es keine verschiebbaren Fenster, jede App wird im Vollbildmodus gestartet. Das Startmenü öffnet sich ähnlich wie unter Windows 8.1 als ganze Seite mit Kacheln für beliebte Apps.

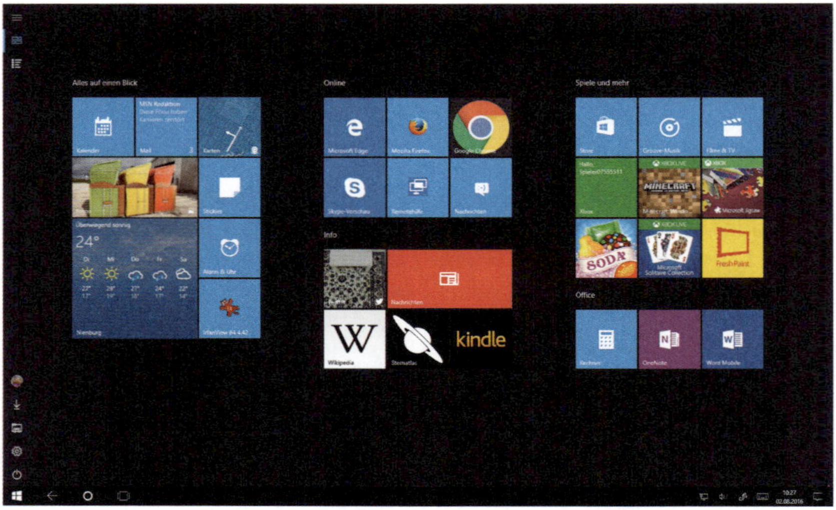

Kacheln im Tabletmodus.

Ein Symbol links oben schaltet auf die Liste aller Apps um, die auch hier ganzseitig angezeigt wird.

Tablets mit andockbarer Tastatur schalten beim Trennen der Tastatur auf den Tabletmodus um und beim Andocken der Tastatur wieder zurück.

Standardmäßig fehlen im Tabletmodus die App-Symbole in der Taskleiste. Hier gibt es nur Symbole für Zurück sowie Cortana und ein Desktop-Symbol, das Vorschaubilder aller laufenden Apps zeigt. In den *Einstellungen* unter *System/Tablet-Modus* können die App-Symbole aber auch in diesem Modus eingeschaltet werden.

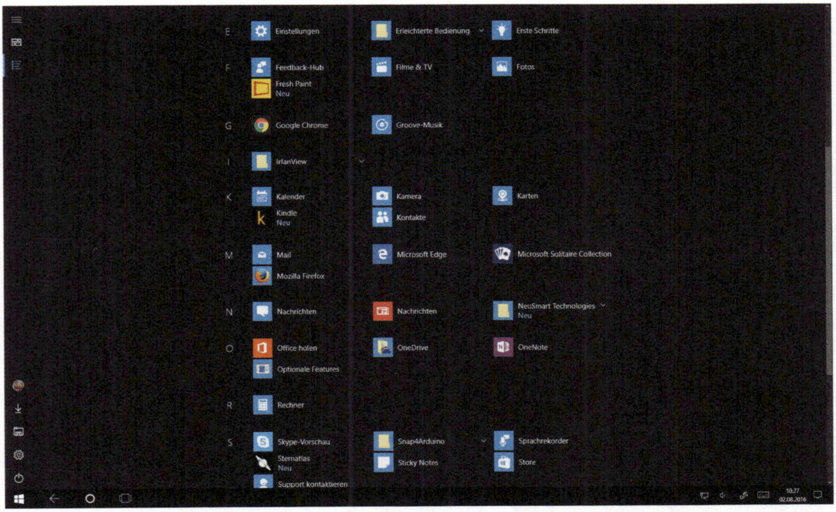

Die Liste aller Apps im Tabletmodus.

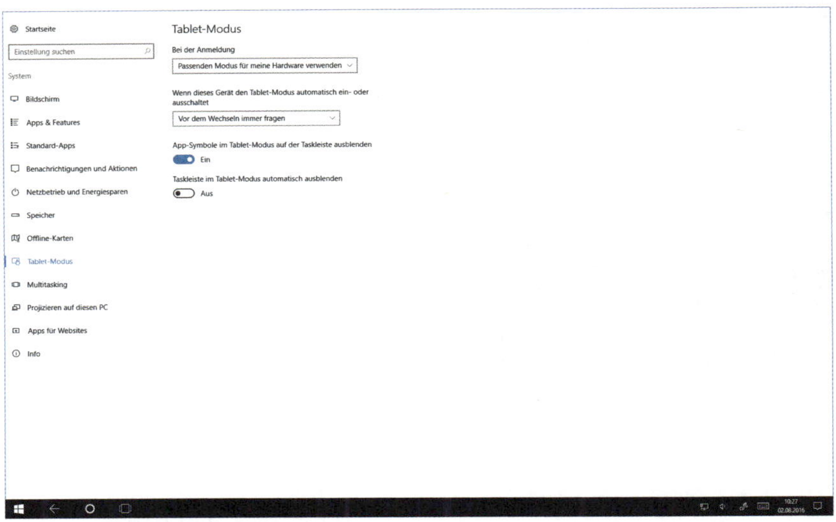

Die Einstellungen für den Tabletmodus.

Hoch- und Querformat dank Lagesensor

Windows-Tablets verfügen über einen Lagesensor, der erkennt, ob das Gerät senkrecht oder waagerecht gehalten wird. Danach wird der Bildschirminhalt automatisch entsprechend gedreht. Bildschirmelemente werden bei Bedarf skaliert oder auf dem Startbildschirm und in einigen Apps auch anders angeordnet. Manche Apps, vor allem Spiele, unterstützen diese Funktion allerdings nicht und können nur im Querformat oder Hochformat genutzt werden.

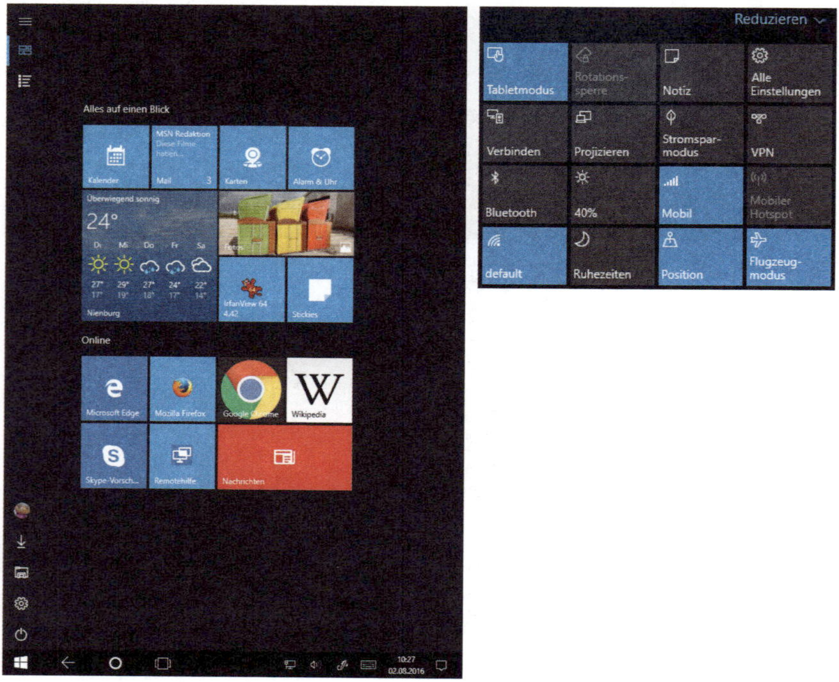

Bildschirm im Hochformat und Schnellaktionssymbole auf einem Tablet.

Wenn Sie das automatische Drehen des Bildschirms beim Halten des Tablets – beispielsweise beim Lesen im Bett – stört, schalten Sie die automatische Drehung aus. Aktivieren Sie dazu das Schnellaktionssymbol *Rotationssperre* im unteren Bereich des Info-Centers.

Touchgesten erleichtern die Bedienung

Wichtige Grundfunktionen lassen sich auf Touchscreens viel einfacher durch Gesten aufrufen als durch Antippen oftmals sehr kleiner Bedienelemente. Windows 10 unterstützt auf Tablets ähnliche Touchgesten wie Windows 8.1.

- Eine Wischgeste vom linken Bildschirmrand in Richtung Bildmitte wechselt zwischen geöffneten Apps.
- Eine Wischgeste vom rechten Bildschirmrand in Richtung Bildmitte öffnet das Info-Center.
- Eine Wischgeste vom oberen Bildschirmrand zum unteren Bildschirmrand schließt die geöffnete App.
- Eine Wischgeste vom unteren Bildschirmrand in Richtung Bildmitte öffnet nur noch in wenigen Apps eine Symbolleiste mit weiteren Funktionen. Diese aus Windows 8.1 bekannte Geste wird nicht mehr systemweit unterstützt.

Die Bildschirmtastatur auf Tablets

Tablets haben üblicherweise keine wirkliche Tastatur. Beim Antippen eines Texteingabefeldes in einer App erscheint dafür automatisch eine Bildschirmtastatur, auf der Buchstaben, Ziffern und auch Sonderzeichen eingegeben werden können.

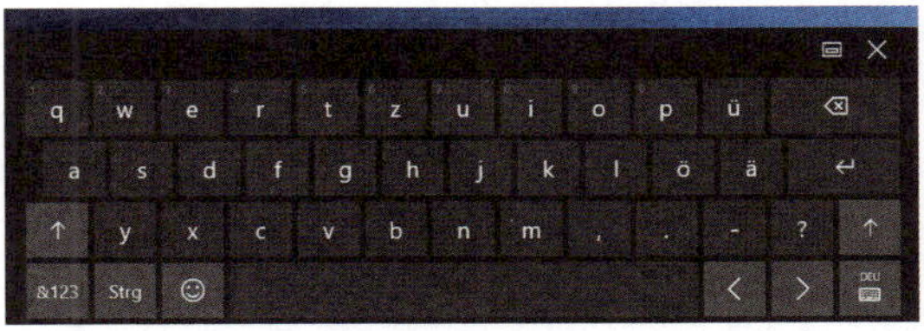

Die Standard-Bildschirmtastatur.

Sollte die Tastatur nicht automatisch erscheinen, tippen Sie auf das Tastatursymbol im Infobereich der Taskleiste. Wird hier kein Tastatursymbol angezeigt, tippen Sie länger auf die Taskleiste und schalten Sie im Kontextmenü die Option *Bildschirmtastatur anzeigen (Schaltfläche)* ein.

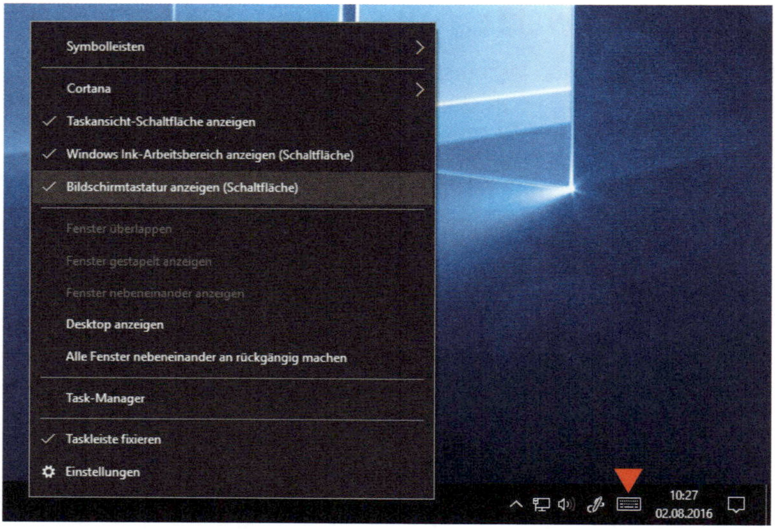

Symbol für Bildschirmtastatur einblenden.

Tippen Sie auf eine Stelle auf dem Bildschirm, wo keine Texteingabe möglich ist, verschwindet die Bildschirmtastatur automatisch wieder. Sollte sie nicht automatisch verschwinden, schließen Sie die Bildschirmtastatur mit dem x-Symbol oben rechts.

- Ein angetippter Buchstabe wird vor dem Loslassen deutlich hervorgehoben, um Tippfehler zu vermeiden.
- Zur Eingabe von Großbuchstaben tippen Sie zuerst auf die ↑-Taste links bzw. rechts unten. Diese schaltet die Bildschirmtastatur für den nächsten Buchstaben auf Großbuchstaben um.
- Tippt man zweimal auf die ↑-Taste, leuchtet diese weiß und die Großschreibung wird festgestellt, bis man sie mit einem weiteren Antippen wieder löst. Auf dem PC bezeichnet man die gleiche Funktion als *Feststelltaste* oder *Caps Lock*.
- Die Tasten der oberen Reihe zeigen ganz klein in der linken Ecke noch Ziffern. Zur Eingabe dieses Zeichens wie auch für Buchstaben mit Akzent halten Sie den Finger länger auf dem jeweiligen Buchstaben. Es erscheint

ein Zusatzfeld mit einer Auswahl von Varianten dieses Buchstabens. Auf diese Weise finden Sie auch das *ß* auf der Taste *s*. Bei einer Auswahl von mehreren Zeichen wird das eingegeben, auf dem Sie den Finger vom Bildschirm loslassen.

- Die Taste *Strg* wird fast ausschließlich für Funktionen der Windows-Zwischenablage verwendet. Diese werden beim Antippen der *Strg*-Taste auf den entsprechenden Tasten eingeblendet.

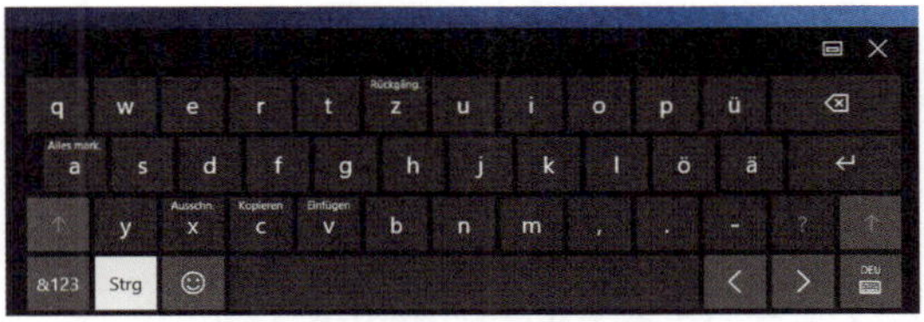

Wichtige Tastenkombinationen mit der Strg-Taste.

- Mit den beiden Pfeiltasten unten rechts lässt sich der Cursor innerhalb eines Eingabefeldes zeichenweise bewegen. Dies ist oft deutlich einfacher, als zu versuchen, eine bestimmte Cursorposition auf dem Touchscreen zu treffen.

- Die Taste *&123* unten links schaltet auf ein Tastaturlayout zur Eingabe von Ziffern und mathematischen Sonderzeichen um. Dort wechseln die Pfeiltasten links zwischen zwei Sonderzeichentastaturen.

Die Bildschirmtastatur für Ziffern und Sonderzeichen.

- Die beliebtesten Smileys für E-Mails und Chat finden Sie über die Taste mit dem lächelnden Gesicht unten links. In der unteren Tastenreihe finden Sie weitere Grafiken zu

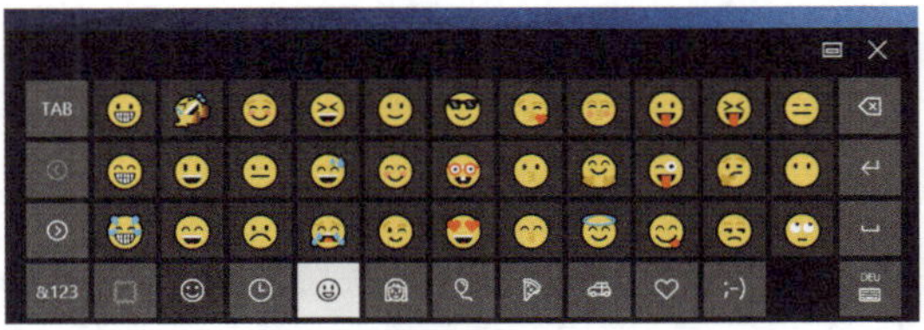

Die Bildschirmtastatur für Smileys.

unterschiedlichen Themen. Die *Leertaste* ist dafür nach rechts gewandert. Innerhalb jeder Smiley-Kategorie können Sie mit den Pfeiltasten links zu weiteren Seiten mit zusätzlichen Smileys blättern.

- Jeder findet im Laufe der Zeit seine Lieblingssmileys und verwendet diese immer wieder. Hier erleichtert das Uhrensymbol die Auswahl. Es zeigt immer die zuletzt verwendeten Smileys an.
- Das Symbol ganz rechts zeigt zeichenbasierte Smileys für alle Anwendungsfälle, bei denen keine Grafiken unterstützt werden.

Geteilte Tastatur für große Tablets

Auf großen Tablets oder mit kleinen Händen sind die mittleren Buchstaben auf der Bildschirmtastatur nur schwer zu erreichen. Tippen Sie auf die Taste ganz rechts unten und dann auf das zweite Symbol von links. Dieses teilt die Tastatur in der Mitte und zieht sie auseinander, um die Buchstaben mit beiden Händen am Tablet leichter zu erreichen.

Bildschirmtastatur ergonomisch geteilt.

Texte handschriftlich eingeben

Tablets bieten sich geradezu dafür an, Texte handschriftlich auf den Touchscreen zu schreiben, statt sie mühsam über eine Tastatur einzutippen. Windows liefert eine Handschrifterkennung mit, die nach einer kurzen Eingewöhnungszeit auch ausgesprochen gut funktioniert. Die Handschrifterkennung kann überall verwendet werden, wo die Bildschirmtastatur genutzt wird. Tippen Sie auf der Bildschirmtastatur unten rechts auf das Tastatursymbol und dann auf das Symbol mit dem Stift zur Handschrifterkennung. Anstelle der Bildschirmtastatur erscheint ein großes Eingabefeld, in dem Sie mit dem Finger möglichst große und deutliche Buchstaben schreiben können.

Im Gegensatz zu Windows 8.1 brauchen Sie Ihre Eingabe nicht erst erkennen zu lassen und dann einzufügen, sondern die eingegebenen Zeichen werden in Echtzeit erkannt, wobei auch automatisch Wortvorschläge gemacht werden.

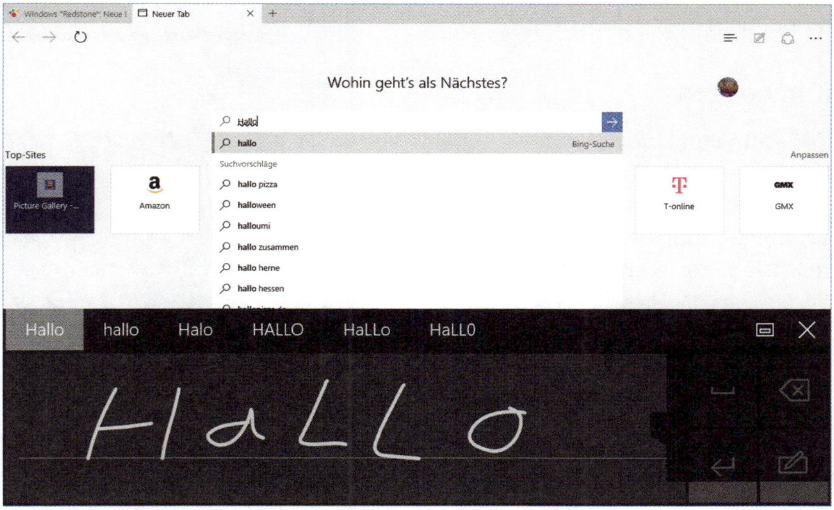

Die Handschrifterkennung auf einem Tablet.

Windows Ink – Eingabe per Stift

Windows 10 bietet mit dem Anniversary Update unter dem Namen *Windows Ink* erweiterte Möglichkeiten zur Eingabe per Stift. Dabei unterscheidet der Touchscreen genau zwischen Berührungen mit dem Stift und mit dem Finger, sodass man nicht versehentlich etwas schreibt, wenn man eigentlich nur den Bildausschnitt verschieben oder eine Schaltfläche antippen wollte. Die Karten-App, der Browser Microsoft Edge und auch Office 365 unterstützen mit dem Anniversary Update *Windows Ink*.

Über das Kontextmenü der Taskleiste lässt sich die Schaltfläche *Windows Ink-Arbeitsbereich anzeigen* im Infobereich der Taskleiste einblenden, wenn diese nicht automatisch erscheint. Der *Windows Ink-Arbeitsbereich* enthält spezielle Apps, die für die Nutzung mit einem Stift optimiert sind.

Ganz unten werden zuletzt verwendete Apps angezeigt, die mit dem Stift genutzt werden können, sowie Werbung für Windows-Store-Apps, die sich an dieser Stelle leider nicht abschalten lässt.

Der Windows Ink-Arbeitsbereich.

Kurznotizen

Zur schnellen Eingabe kurzer Notizen wurde die seit einigen Windows-Versionen mitgelieferte, aber wenig beachtete Klebezettelanwendung *Stickies* um die Handschrifterkennung erweitert.

Die Texteingabe per Tastatur ist weiterhin möglich. Diese App ist über den Windows Ink-Arbeitsbereich sowie über das Startmenü erreichbar.

Skizzenblock

Der *Skizzenblock* ist ein einfaches Malprogramm im Vollbildmodus, das mit dem Stift bedient werden kann. Über die Symbolleiste am oberen Bildschirmrand wählen Sie verschiedene Stifte und Stiftfarben aus. Hier können Sie auch ein Lineal einblenden oder gezeichnete Linien wieder wegradieren.

Der *Skizzenblock* kann auch mit der Maus bedient werden, er lässt sich aber nur über den Windows Ink-Arbeitsbereich aufrufen und ist nicht im Startmenü verfügbar.

Die App unterstützt druckempfindliche Stifte, wie sie z. B. bei Microsofts Surface-Geräten mitgeliefert werden. Je nachdem, wie stark man drückt, macht der Stift unterschiedlich breit.

Der Skizzenblock im Windows Ink-Arbeitsbereich.

Bildschirmskizze

Die *Bildschirmskizze* hilft, jemand anderem etwas am PC aus der Ferne zu erklären. Diese Schaltfläche im Windows Ink-Arbeitsbereich erstellt ein Bildschirmfoto und stellt anschließend die Malwerkzeuge des Skizzenblocks zur Verfügung, um in diesem Screenshot Anmerkungen anzubringen. Anschließend kann das Bild gespeichert oder direkt über die Seitenleiste geteilt werden.

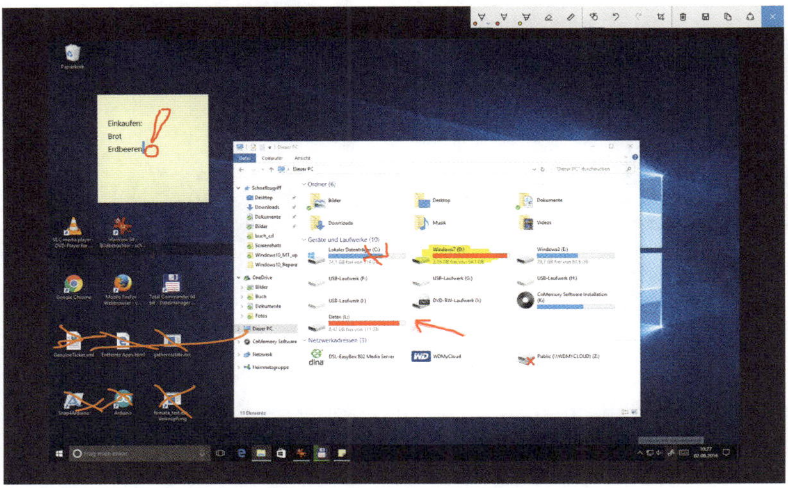

Bildschirmskizze mit handschriftlichen Anmerkungen.

8. Fotos und Medien

Die App *Fotos* zeigt alle Fotos, die auf dem PC gespeichert sind. Diese können vom PC übertragen, aus dem Internet heruntergeladen oder mit der Kamera fotografiert worden sein.

Fotos aus eigenen OneDrive-Webalben werden ebenfalls angezeigt, auch wenn das Verzeichnis nicht mit dem PC synchronisiert wird.

Im Bereich *Sammlung* werden alle Fotos in zeitlicher Abfolge angezeigt. Im Bereich *Alben* werden automatisch Alben angelegt, wenn an bestimmten Tagen viel fotografiert wurde. Aufeinanderfolgende Tage mit wenigen Fotos werden zu einem Album zusammengefasst.

Fotoalbum in der Fotos-App.

Klicken Sie auf eines der Vorschaubilder, wird das Foto formatfüllend dargestellt. Mit den Schaltflächen +/– rechts unten oder durch Spreizen zweier Finger auf dem Touchscreen lässt sich im Bild zoomen.

Ein Foto in der Vollbildansicht.

Die Symbolleiste oben rechts blendet weitere nützliche Funktionen ein.

- *Teilen* blendet eine Seitenleiste ein, um das angezeigte Bild mit Freunden zu teilen. Hier können Sie das Bild unter anderem per E-Mail versenden. Weitere installierte Apps können sich zusätzlich in die Liste eintragen.
- *Diashow* zeigt alle Bilder des gewählten Albums als automatisch ablaufende Diashow im Vollbildmodus. Die Bedienelemente der Fotos-App und des Windows-Desktops werden dabei ausgeblendet. Ein Klick ins Bild hält die Diashow wieder an.
- *Zu Album hinzufügen* fügt das Foto zu einem vorhandenen Album hinzu und bietet auch die Möglichkeit, ein neues Album anzulegen.
- *Erweitern* schaltet eine automatische Bildoptimierung ein. Diese versucht, die Belichtung zu korrigieren, das Farbspektrum zu erweitern und auch einen schiefen Horizont waagerecht auszurichten. Diese Verbesserungen werden nicht im Foto gespeichert, sondern können jederzeit ein- und ausgeschaltet werden. *Erweitern* funktioniert nur bei Fotos auf lokalen Laufwerken, nicht bei Fotos, die auf OneDrive oder Netzwerklaufwerken liegen. Ist bei einem Foto keine automatische Verbesserung möglich, erscheint dieses Symbol nicht.

- *Bearbeiten* öffnet das Bild zum Bearbeiten mit den integrierten Fotoverbesserungsfunktionen der Fotos-App.
- *Drehen* – jeder Klick dreht das Bild um weitere 90°. Damit lassen sich Bilder in die richtige Richtung drehen, wenn der Lagesensor der Kamera falsche Daten gespeichert hat. Besonders bei gescannten Fotos oder Dias tritt dieses Problem häufig auf.
- *Löschen* entfernt das angezeigte Bild in den Papierkorb.

Weitere Funktionen sind im Menü verfügbar, das mit einem Klick auf das Menüsymbol mit den drei Punkten oben rechts geöffnet wird:

- *Dateiinfo* zeigt ausführliche Informationen zum Foto, unter anderem Dateiname, Aufnahmedatum, Dateigröße, Abmessungen in Pixeln, Kameratyp, Belichtungs- und Blendeneinstellung sowie den Aufnahmeort auf einer Karte an, vorausgesetzt, die Kamera liefert Standortinformationen.

Dateiinformationen zu einem Foto anzeigen.

- *Öffnen mit* zeigt eine Liste aller installierten Apps zum Bearbeiten oder Anzeigen von Bildern. Das angezeigte Bild wird mit der gewählten App geöffnet.

- *Kopieren* kopiert das Bild in die Zwischenablage, um es über den Explorer in ein anderes Verzeichnis oder Laufwerk einzufügen.
- *Drucken* öffnet das Druckdialogfeld der neuen Windows-10-Apps. Nachdem Sie einen Drucker sowie Ausrichtung und Papierformat ausgewählt haben, wird das Bild gedruckt.
- *Festlegen als* richtet das Bild als Hintergrundbild für den Sperrbildschirm, für den Desktop-Hintergrund oder für die Fotokachel im Startmenü ein.

Neue Fotoverbesserungsfunktionen

Im Bearbeitungsmodus erscheinen links und rechts des Bildes Symbolleisten. Die Symbolleiste links bietet fünf Bearbeitungskategorien an. Wählt man eine davon aus, erscheinen rechts die jeweiligen Werkzeuge. Die meisten davon sind Drehregler, bei denen sich die Stärke des jeweiligen Effektes durch Drehen mit der Maus oder dem Finger auf Touchscreens interaktiv einstellen lässt. Alle Bearbeitungen werden nicht automatisch in der Bilddatei gespeichert, sondern können zunächst jederzeit zurückgenommen werden. Beim Aufruf eines Bearbeitungswerkzeugs erscheint eine Symbolleiste am oberen Bildschirmrand, die zwei Symbole enthält, um Änderungen im Bild oder in einer Kopie zu speichern. Mit dem Symbol *Vergleichen* sehen Sie sofort den Unterschied zwischen dem bearbeiteten Foto und der Originaldatei.

Die obere Symbolleiste im Bearbeitungsmodus der Fotos-App.

> **Fotos zur Bearbeitung herunterladen**
>
> Fotos von OneDrive, die nicht automatisch mit dem PC synchronisiert werden, werden zur Bearbeitung automatisch heruntergeladen, was je nach Bildgröße und Internetverbindung ein paar Sekunden dauern kann. Nach der Bearbeitung werden die Fotos auch wieder auf OneDrive gespeichert.

Allgemeine Korrekturen

Im Bereich *Allgemeine Korrekturen* sind die am häufigsten gebrauchten Korrekturwerkzeuge zu finden.

Verbessern entspricht dem gleichnamigen Werkzeug aus der Hauptsymbolleiste. Hier wirken sich Schärfung, Belichtungskorrektur und Ausrichten nicht nur innerhalb der Fotos-App aus, sondern können wie jede andere Bildkorrektur in der Bilddatei gespeichert werden.

Drehen dreht das Bild in 90°-Schritten. Auch dieses Werkzeug ist in der Hauptsymbolleiste vorhanden.

Zuschneiden ermöglicht es, einen bestimmten Bildteil interaktiv auszuschneiden und so belanglose Ränder abzuschneiden oder Personen, die ins Bild gerannt sind, zu entfernen und so das Wesentliche auf einem Foto zu zeigen. Beim Zuschneiden kann ein Seitenverhältnis für den Ausschnitt festgelegt werden, damit sich das bearbeitete Bild besser in eine Fotosammlung einpasst. Dieses Seitenverhältnis wird dann beibehalten, wenn Sie eine der Bildecken verschieben, um einen Ausschnitt zu wählen.

Foto in einem bestimmten Seitenverhältnis zuschneiden.

Mit dem *Ausrichten*-Werkzeug lassen sich schief aufgenommene Bilder gerade ausrichten. Besonders bei Aufnahmen mit einem Meereshorizont wirkt eine leichte Schieflage höchst unprofessionell.

Leuchten die Augen einer Person auf einem Blitzlichtfoto rot, lässt sich das mit dem Symbol *Rote Augen* korrigieren. Schieben Sie den blauen Kreis auf das rote Auge und tippen Sie einmal darauf. Schon ist das rote Auge korrigiert.

Stört ein Staubkorn auf der Kamera oder eine kleine Unregelmäßigkeit auf einer fotografierten Fläche das Gesamtbild, lässt sich dies oft mit dem *Retuschieren*-Werkzeug beheben. Schieben Sie den blauen Kreis auf den störenden Fleck, der dann automatisch mit dem Muster der direkten Umgebung in dem Bild ausgefüllt wird. Der Effekt funktioniert am besten bei gleichmäßigem Hintergrund und Flecken, die sich farblich deutlich vom Hintergrund abheben.

Filter

Im Bereich *Filter* werden verschiedene Farbfilter angeboten, die über das Foto gelegt werden können. Das Symbolbild ganz oben entfernt alle Filter wieder.

Licht

Bei grellem Tageslicht, aber auch in der Dämmerung passiert es immer wieder, dass die besonders hellen oder die besonders dunklen Bereiche eines Fotos kaum noch zu erkennen sind. Hier helfen die Werkzeuge im Bereich *Licht* in den Bearbeitungsoptionen weiter. Alle Werkzeuge blenden Drehregler ein, über die sich die jeweiligen Werte interaktiv einstellen lassen.

Helligkeit verändert die Helligkeit des gesamten Bildes.

Kontrast verändert den Kontrast des gesamten Bildes.

Helle Flecken verändert die Helligkeit der besonders hellen Bildteile.

Schatten verändert die Helligkeit der besonders dunklen Bildteile.

In diesem Bild wurden die Felsen im rechten Bildbereich aufgehellt.

Farbe

Neben Helligkeit und Kontrast lässt sich auch das Farbspektrum eines Fotos korrigieren.

Temperatur – eine Veränderung der Farbtemperatur wirkt ähnlich wie der Weißabgleich der Kamera. Bei Tageslichtaufnahmen wirkt das Weiß oft leicht blau, bei Kunstlichtaufnahmen leicht gelb. Mit der Änderung der Farbtemperatur lassen sich solche Fehler ausgleichen.

Mit dem *Farbton* lässt sich das gesamte Bild leicht eintönen.

Mit diesem Symbol verändern Sie die *Sättigung*. Die schwächste Sättigung macht aus einem Farbfoto ein Graustufenbild, die stärkste Sättigung verfälscht die Farben wie ein amerikanisches NTSC-Fernsehbild.

Zur gezielten *Farbverstärkung* ziehen Sie das Symbol auf eine Stelle im Bild. Die Farbe an dieser Position und ähnliche Farben werden verstärkt. Andere Farben bleiben unbeeinflusst. Auf diese Weise lassen sich bestimmte farbige Objekte betonen, ohne dass der Hintergrund verfälscht wird.

Farbverstärkung eines zentralen Bildobjekts.

Effekte

Im Bereich *Effekte* finden Sie noch zwei Spezialeffekte, die sparsam eingesetzt werden sollten, um auf einzelnen Fotos – auf keinen Fall in ganzen Alben – wirklich zur Geltung zu kommen.

Vignette dunkelt die Bildecken ab, sodass ein Motiv in der Bildmitte dadurch stärker betont wird. Gleichzeitig ergibt sich daraus eine Art Retro-Effekt. Umgekehrt können die Randbereiche des Bildes auch aufgehellt werden.

Bei der Option *Selektiver Fokus* erscheint nur ein zentrales Objekt scharf, die übrigen Bildbereiche werden mehr oder weniger stark weichgezeichnet und verschwimmen dadurch. Ziehen Sie den Kreis auf das Objekt und passen Sie die Größe dieses Fokusbereichs entsprechend an. Mit einem Symbol in der oberen Symbolleiste stellen Sie ein, wie stark der Weichzeichner wirken soll.

Der selektive Fokus betont ein zentrales Bildmotiv.

Fotos immer automatisch verbessern

In den *Einstellungen* unten links auf dem Hauptbildschirm der Fotos-App können Sie festlegen, ob die automatische Verbesserung standardmäßig eingeschaltet ist oder nicht. Die automatischen Verbesserungen werden nur auf dem Bildschirm angezeigt, aber nicht in die Fotodatei übernommen.

Handyfotos auf dem PC

OneDrive bietet die Möglichkeit, alle neuen Fotos vom Smartphone automatisch in ein nicht öffentliches Album hochzuladen. So haben Sie alle Bilder sofort auf jedem PC mit Ihrem Microsoft-Konto zur Verfügung, ohne dass eine Kabelverbindung zwischen PC und Smartphone nötig ist. Alle neuen Fotos von der Smartphone-Kamera werden automatisch in den Ordner *Camera Roll* hochgeladen. Dieser Ordner ist online unter onedrive.com nur für Sie selbst zugänglich. Sie können ihn wie jedes andere OneDrive-Verzeichnis automatisch mit Windows 10 auf dem PC synchronisieren. Natürlich können Sie jederzeit einzelne Fotos auf dem PC für andere Personen freigeben.

Auf Windows-10-Mobile-Phones wählen Sie in der vorinstallierten OneDrive-App *Einstellungen* und dort *Kamera-Upload*. Hier legen Sie noch fest, ob die Fotos nur per WLAN oder auch über das Mobilfunknetz hochgeladen werden sollen. Das automatische Hochladen von Fotos auf OneDrive funktioniert auch mit Android-Smartphones. Hier benötigen Sie allerdings die kostenlose OneDrive-App aus dem Google Play Store. In der App melden Sie sich mit Ihrem Microsoft-Konto an.

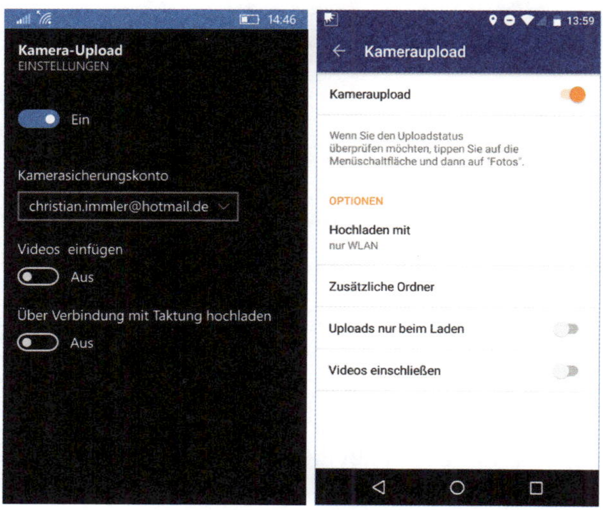

Automatischer OneDrive-Kamera-Upload auf Windows 10 Mobile und Android-Smartphones.

Fotos per OneDrive teilen oder veröffentlichen

Die Fotos-App zeigt Bilder von OneDrive zwar an, bietet bis jetzt aber noch keine Möglichkeit, die Bilder mit Freunden zu teilen. Ist das Verzeichnis des Fotos mit dem PC synchronisiert, können Sie im Explorer einen Link zum Foto generieren und diesen per E-Mail oder auf anderen Wegen an Freunde weitergeben. Liegt das Foto in einem OneDrive-Verzeichnis, das nicht mit dem PC synchronisiert wird, gehen Sie im Browser auf onedrive.com und suchen dort das Foto. Klicken Sie in der oberen Symbolleiste auf *Teilen*. Jetzt können Sie entweder einen Link abrufen, um diesen über soziale Netzwerke oder andere Kommunikationswege weiterzugeben, oder Sie geben den Empfänger an und schreiben noch einen kurzen Text, OneDrive generiert dann automatisch eine E-Mail mit dem Link zum Foto.

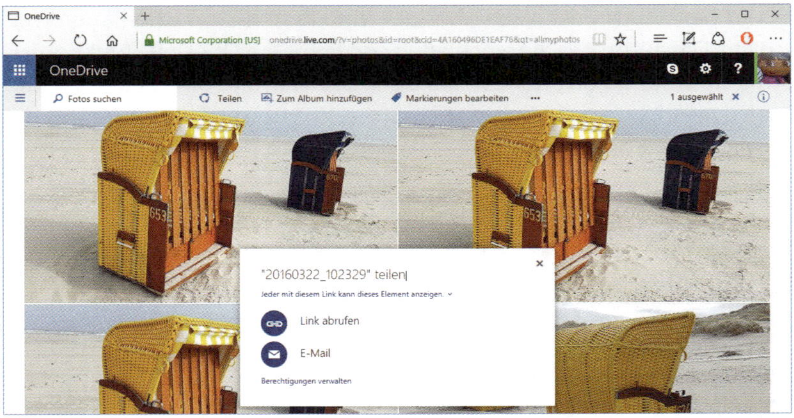

Freunde aus dem Browser zu einem Foto einladen.

Der Musikdienst Groove

Die App *Groove Musik* ist ein Musikplayer für lokal auf dem PC gespeicherte oder von einem Medienserver gestreamte Musik. Zusätzlich bietet die App eine Anbindung an Microsofts Onlinemusikdienst Groove. Hier kann man über den Windows Store Musik kaufen.

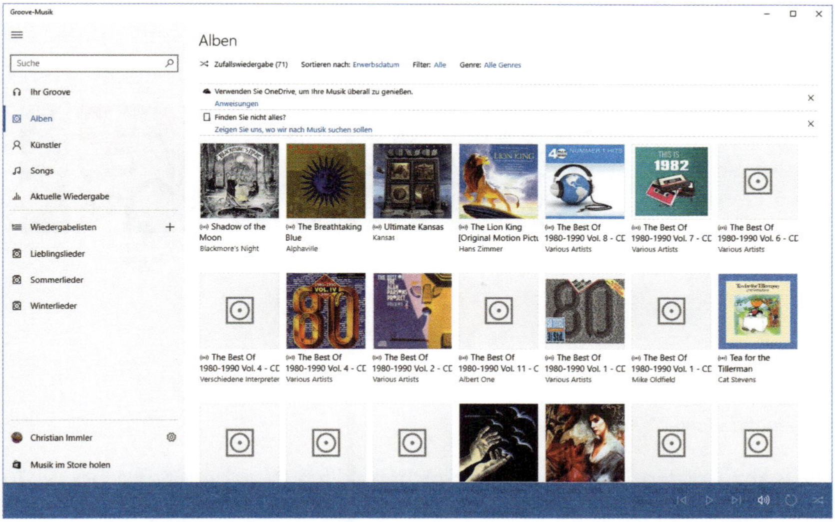

Die Windows-10-App Groove Musik.

Die Live-Kachel der App zeigt den gerade abgespielten Titel, auch wenn die App selbst gerade im Hintergrund läuft.

Keine Audio-CDs in Groove

Zum Abspielen, Konvertieren und Brennen von Audio-CDs muss weiterhin der klassische Windows Media Player verwendet werden, der in Windows 10 im Startmenü verfügbar ist.

Filme & TV

Zum Abspielen lokal gespeicherter Videos liefert Windows 10 neben dem klassischen Windows Media Player die neue App *Filme & TV* mit. Diese App ist auch direkt an den Windows Store angebunden, in dem man Filme und Fernsehsendungen kaufen oder leihen kann.

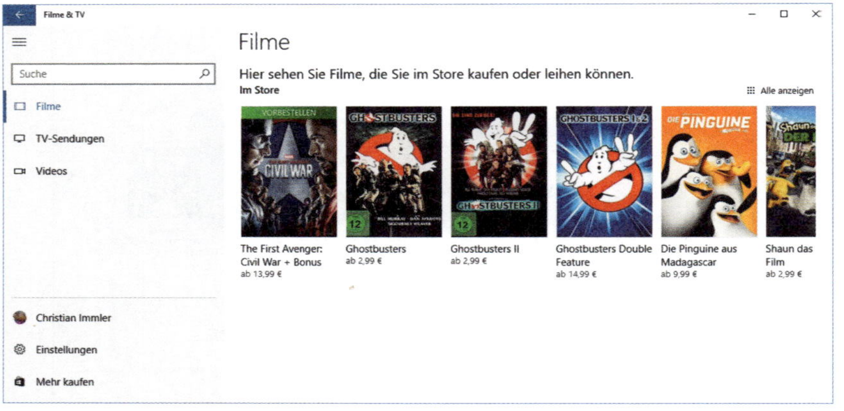

Die neue Windows-10-App Filme & TV.

DVDs abzuspielen, ist mit dieser App nicht möglich. Dazu benötigt Windows 10 Apps von Drittanbietern, wie zum Beispiel den *VLC Media Player*. Microsoft liefert keine DVD-Abspielsoftware mehr mit.

Der VLC Media Player ist für Windows 10 als App im Windows Store verfügbar – verwenden Sie diese App jedoch nicht! Zum Abspielen von DVDs kann nur die klassische Version des VLC Media Player von www.videolan.org genutzt werden.

9. Wichtige vorinstallierte Apps

Windows 10 liefert diverse nützliche Apps für alltägliche Aufgaben mit. Einige davon sind verbesserte Windows-8.1-Apps, andere auch ganz neu. Diese Apps werden über den Windows Store automatisch aktualisiert.

Mail

Windows 10 enthält eine E-Mail-App im neuen Design, die gegenüber Windows 8.1 noch etwas übersichtlicher gestaltet wurde. Neben dem zur Anmeldung bei Windows verwendeten Microsoft-Konto können zusätzlich auch E-Mail-Konten anderer Anbieter genutzt werden. Mailkonten bei Microsoft, Gmail, Yahoo! und einigen anderen großen Mailanbietern lassen sich weitgehend automatisch einrichten. Klicken Sie dazu unten links auf das Zahnradsymbol und wählen Sie im Seitenmenü *Konten*. Bei E-Mail-Konten auf eigenen Servern oder bei Webhostern mit eigenen Domains müssen Sie die Servernamen manuell eintragen.

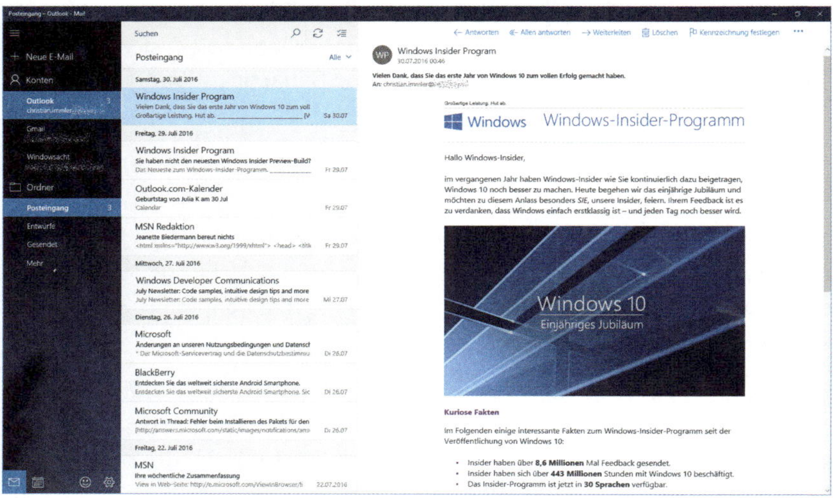

Die E-Mail-App in Windows 10.

- Um eine neue E-Mail zu schreiben, wählen Sie oben links das Mail-Konto, das Sie verwenden möchten, und klicken dann auf *Neue E-Mail*.
- E-Mails werden automatisch im HTML-Format gesendet. Über die Symbolleiste *Einfügen* beim Schreiben einer neuen E-Mail können Sie Dateien anhängen.
- Fahren Sie mit der Maus über eine E-Mail in der Liste, erscheinen Symbole, um diese Mail zu löschen oder zu kennzeichnen.
- Ganz oben neben dem Titel *Posteingang* können Sie die Liste filtern, um nur ungelesene oder gekennzeichnete E-Mails anzuzeigen.
- Mit einem Rechtsklick auf eine E-Mail in der Liste können Sie diese in einen anderen Ordner verschieben. Das Anlegen neuer Ordner ist nicht möglich. Die einfachen Aufräum- und Sortierfunktionen der Windows-8.1-App fehlen leider auch.
- Für jedes Konto können Sie eigene Synchronisierungseinstellungen festlegen. Wählen Sie dazu unter *Konten verwalten* in den *Einstellungen* das gewünschte Konto. Hier legen Sie in den Synchronisierungseinstellungen fest, wie oft auf dem Server nach neuen E-Mails gesucht wird und aus welchem Zeitraum E-Mails automatisch heruntergeladen werden sollen.
- In den *Einstellungen* unter *Benachrichtigungen* legen Sie fest, ob bei neuen E-Mails Meldungen im Info-Center und Benachrichtigungsbanner erscheinen sollen.

Kontakte

Die Kontakte-App ist eine Verwaltung der Kontakte im Microsoft-Konto, ähnlich wie outlook.com im Browser. Direkt aus der App heraus kann man einer gesuchten Person eine E-Mail schreiben.

Im Gegensatz zu Windows 8.1 können in der Windows-10-App keine Facebook-Kontakte mehr angezeigt werden. Exchange-, Google- und iCloud-Konten lassen sich weiterhin hinzufügen, um die dort gespeicherten Kontakte anzuzeigen. Ähnlich wie auf Smartphones können Kontakte mehrerer Konten zu einem verknüpft und angezeigt werden.

Kalender

Windows 10 liefert einen Kalender für Termine im Microsoft-Konto mit, der ebenfalls ähnlich wie outlook.com funktioniert, aber auch offline. Kalender aus Google- und Exchange-Konten können ebenfalls eingebunden werden.

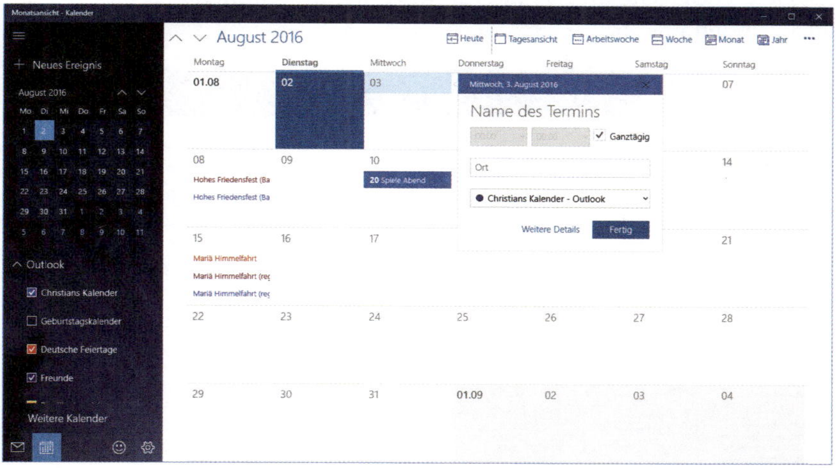

Der Kalender in Windows 10.

Die Kalender-Kachel zeigt aktuelle Termine live an. Der Kalender kann auch über das Kalendersymbol unten links in der Mail-App aufgerufen werden.

Alarm & Uhr

Die App *Alarm & Uhr* ist ein einfacher Wecker mit Stoppuhr und Countdown. Leider ging das moderne Design der Windows-8.1-App verloren, dafür ist jetzt eine Weltzeituhr enthalten.

Eine analoge Uhranzeige ist in Windows 10 nur noch in Cortana auf die Frage *Wie spät ist es?* zu finden.

OneNote

OneNote, das Notizenmodul aus Microsoft Office, kommt in Windows 10 kostenlos vorinstalliert mit und synchronisiert Notizbücher über das Microsoft-Konto. Der Browser Microsoft Edge verwendet OneNote für die Webnotizen. Die neue App importiert auch PDF-Dateien als Hintergrund, um dort Kommentare anzubringen.

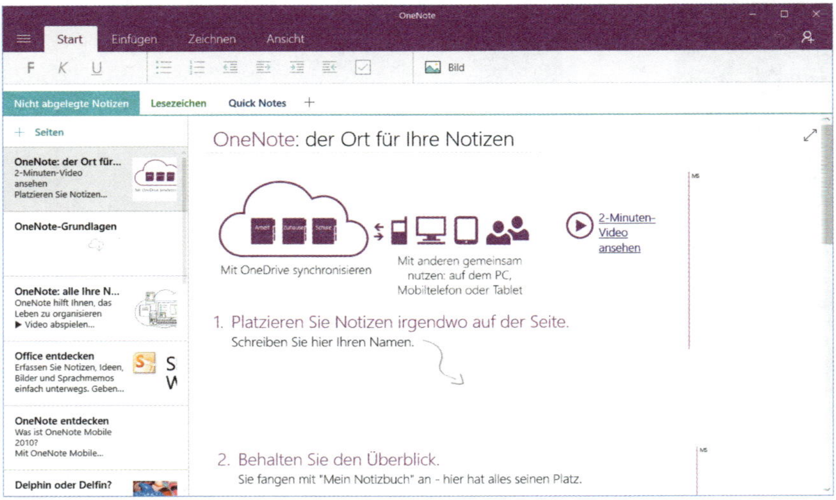

Notizen mit OneNote erstellen und mit anderen Geräten synchronisieren.

Rechner

Windows 10 liefert einen wissenschaftlichen Taschenrechner mit Einheitenkonverter für diverse Maßeinheiten mit. Die Bedienung wurde gegenüber der Windows-8.1-App etwas verbessert. Im Modus *Programmierer* werden alle wichtigen Logikfunktionen angeboten. Außerdem rechnet die App dort gleichzeitig in vier verschiedenen Zahlensystemen.

Karten

Windows 10 liefert eine App für Landkarten, Stadtpläne und Satellitenbilder der von Nokia übernommenen HERE Maps mit, die mit dem Anniversary Update deutlich verbessert wurde.

Die Routenplanung ist neuerdings nicht mehr nur für Autofahrer und Fußgänger möglich – öffentliche Verkehrsmittel werden ebenfalls angeboten.

Karten können zur Offline-Nutzung in den *Einstellungen* unter *System/Offline-Karten* heruntergeladen werden und stehen dann auch unterwegs zur Verfügung.

- In den Schrägluftbildern bewegen Sie die Kamera mit gedrückter linker Maustaste.
- Mit gedrückter rechter Maustaste drehen und neigen Sie die Kamera.
- Das Mausrad zoomt.

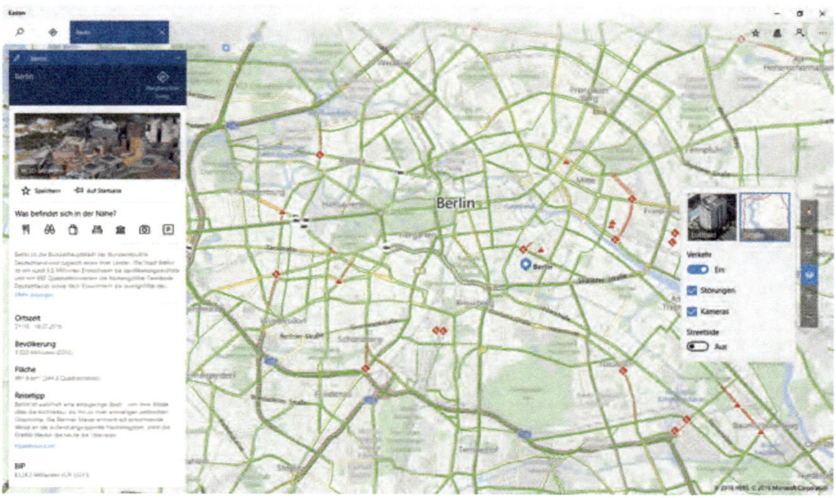

Die neue Karten-App in Windows 10.

Die neue App enthält detaillierte Schrägluftbilder für viele Großstädte weltweit.

Wetter

Die App *Wetter* liefert eine ausführliche Wettervorhersage für beliebige Orte mit historischem Wetter, Sonnenauf- und -untergangszeiten sowie animierten Wetterkarten. Neu in Windows 10 sind redaktionelle Nachrichten rund ums Wetter.

Die Wetter-App in Windows 10.

Die Informationen in der App passen sich automatisch der Fenstergröße an. Je größer das Fenster, desto weiter reicht die Vorhersage.

Die Live-Kachel zeigt das aktuelle Wetter für einen ausgewählten Ort an. Die gleichzeitige Anzeige mehrerer Orte auf der großen Live-Kachel, wie noch in Windows 8.1, ist nicht mehr möglich.

Nachrichten

Die App *Nachrichten* zeigt aktuelle Nachrichten aus aller Welt aus verschiedenen Nachrichtenquellen.

Die Themenkategorien lassen sich persönlich auswählen.

Die intuitive Touchbedienung der Windows-8.1-App wurde zugunsten der Mausbenutzer eher den klassischen Windows-Programmen angeglichen.

Die freie Auswahl der Nachrichtenanbieter sowie die Möglichkeit, beliebige RSS-Feeds einzubinden, sind ebenfalls verloren gegangen.

Fresh Paint

Fresh Paint ist ein echtes Malprogramm, mit dem man mit Pinseln und Stiften auf Leinwand oder Papier Bilder malt. Diese Microsoft-App ist auf vielen Windows-10-Geräten vorinstalliert, um die Möglichkeiten der Touchbedienung eindrucksvoll zu demonstrieren.

Fresh Paint zeigt eine völlig neue Benutzeroberfläche, die für die Bedienung auf Touchscreens optimiert ist und keinerlei Ähnlichkeit mehr mit dem hat, was man bisher von Windows kannte.

Das Malprogramm Fresh Paint.

Xbox-App und Spiele

Die Xbox-Spieleplattform ist jetzt noch stärker ins Betriebssystem integriert. Passende Spiele können über den Windows Store heruntergeladen werden, der im Rahmen von Microsofts Produktstrategie »Play Anywhere« mit dem Xbox-Store vereinigt wurde.

Mit der Anmeldung bei Xbox bekommt man sein persönliches Spielerprofil, das mit dem eigenen Microsoft-Konto verknüpft ist.

Über dieses Profil können Sie in den Spielen Erfolge sammeln und auch andere Spieler zu Gemeinschaftsspielen einladen.

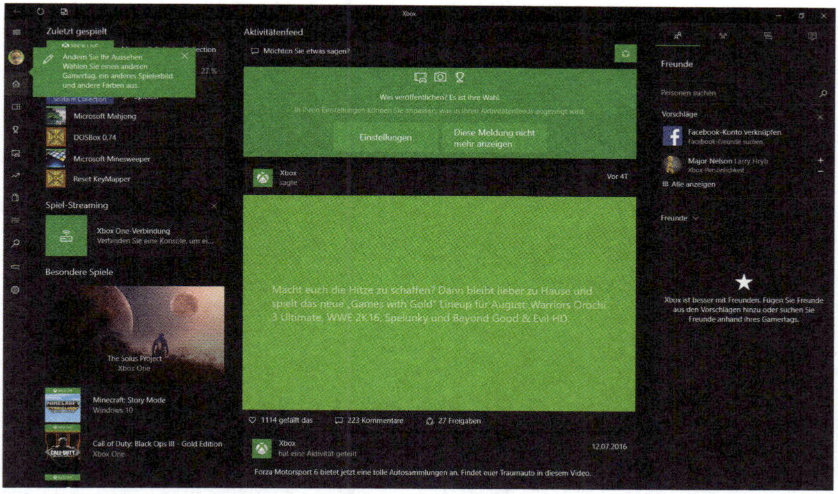

Die persönliche Spielerseite in der Xbox-App.

Die Game Bar

Die Game Bar in einem Xbox-Spiel.

Xbox-Spiele bieten mit der neuen Game Bar die Möglichkeit, Screenshots zu erstellen oder sogar den Spielablauf als Videosequenz aufzuzeichnen. Diese Symbolleiste wird mit der Tastenkombination [Win]+[G] im Spiel aufgerufen.

Zum Aufzeichnen von Spielclips werden nur bestimmte Grafikkarten unterstützt. Genaue Informationen darüber bekommen Sie mit einem Klick auf das *Einstellungen*-Symbol in der Game Bar.

Microsoft Solitaire Collection

Solitär, das beliebte Kartenspiel, das bis jetzt in jeder Windows-Version dabei war, wird seit Windows 8 nicht mehr vorinstalliert mitgeliefert.

Beim Update von Windows 7 auf Windows 10 wird das ehemalige Solitär automatisch durch die neue Microsoft Solitaire Collection ersetzt.

Das neue Solitär für Windows 10.

Das Spiel kann auch kostenlos aus dem Windows Store heruntergeladen werden. Wundern Sie sich nicht, wenn die Installation sehr lange dauert. Im Gegensatz zu den meisten Apps, die nur einige MByte groß sind, müssen hier deutlich über 100 MByte zur Installation heruntergeladen werden. Allerdings handelt es sich dabei auch nicht nur um das einfache Kartenspiel, sondern um ein komplettes Spielsystem mit Anbindung an die Xbox-Plattform.

Microsoft Minesweeper

Minesweeper ist ein weiterer Spielklassiker, der bei vielen Windows-Versionen vorinstalliert mit dabei war. In Windows 10 kann Minesweeper kostenlos aus dem Windows Store nachinstalliert werden.

10. Die Windows-Einstellungen

Die neuen *Einstellungen* im modernen Design werden nach und nach die klassische Systemsteuerung in Windows ablösen. Da Windows 10 nach derzeitigem Informationsstand keine großen Versionssprünge mehr machen wird, wird der Übergang von der klassischen Systemsteuerung zu den neuen *Einstellungen* nach und nach in kleinen Schritten erfolgen. So wurde mit dem Anniversary Update unter anderem die Navigation in den *Einstellungen* durch zusätzliche Symbole erleichtert.

Die Einstellungen in Windows 10.

Einstellungen schnell aufrufen

Die *Einstellungen* werden über das Zahnradsymbol im Startmenü aufgerufen, das immer links unten zu finden ist. Besonders einfach lassen sich die *Einstellungen* mit der Tastenkombination ⊞+I aufrufen. Bis jetzt sind noch längst nicht alle Systemeinstellungen in die neue App übertragen. Im Gegensatz zu Windows 8.1 wurden die Einstellungen, die bereits im neuen Design verfügbar sind, aus der Systemsteuerung entfernt.

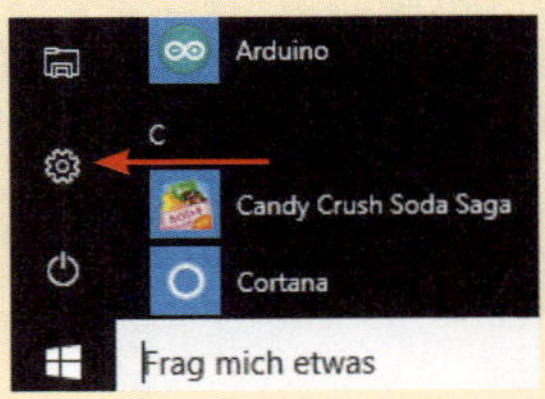

Wer von Windows 7 auf Windows 10 umsteigt, wird vieles nicht mehr an gewohnter Stelle finden. Die meisten Bildschirmseiten der Einstellungen-App enthalten ganz unten einen Bereich mit Links, die zur klassischen Systemsteuerung führen.

System

Bildschirmauflösung einstellen

Normalerweise wird die optimale Auflösung eines angeschlossenen Mon-tors von Windows automatisch erkannt. Beim Update auf Windows 10 werden die Grafiktreiber erst später installiert, somit wird die zuvor verwendete Bildschirmauflösung nicht immer erkannt. In den *Einstellungen* unter *System/Bildschirm* werden angeschlossene Bildschirme erkannt und Sie können die Auflösung wählen.

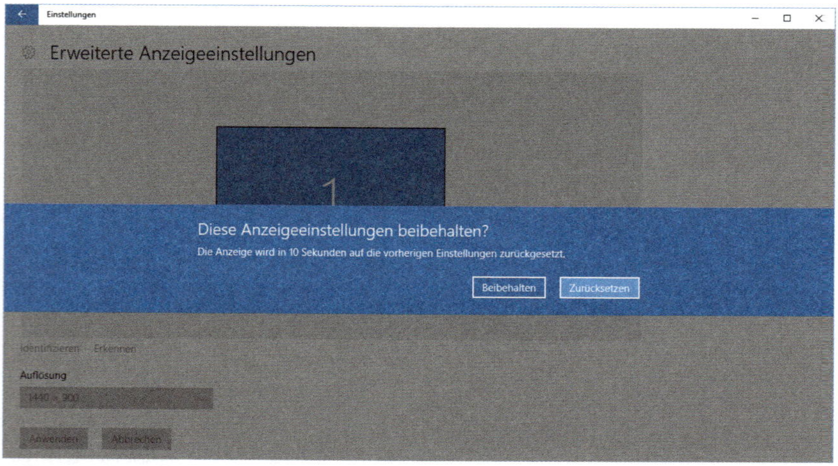

Meldung nach dem Verändern der Bildschirmauflösung.

Jede Änderung der Bildschirmauflösung muss innerhalb einer bestimmten Zeit bestätigt werden, andernfalls wird die Auflösung automatisch zurückgesetzt. Auf diese Weise wird verhindert, dass man eine ungültige Bildschirmauflösung einstellt und diese nachträglich nicht mehr rückgängig machen kann. Auf Tablets können Sie an dieser Stelle die Ausrichtung auf das Quer- oder Hochformat festlegen, wenn Sie die Verwendung des Lagesensors über die Rotationssperre im Info-Center abgeschaltet haben.

Windows-Desktop auf mehreren Monitoren

Wie schon frühere Windows-Versionen kann auch in Windows 10 der Desktop auf mehrere Monitore ausgeweitet werden. Neu ist hier, dass sich Apps automatisch der jeweiligen Monitorauflösung anpassen und mehr Informationen darstellen können, wenn sie auf einen höher aufgelösten Monitor verschoben werden.

Apps & Features

Die Liste *Apps & Features* zeigt den Platzbedarf jeder installierten App auf der Festplatte an. Wenn Sie die Apps nach Größe sortieren, finden Sie schnell heraus, wo es sich lohnt, aufzuräumen.

Im Gegensatz zu Windows 8.1 enthält diese Liste in Windows 10 nicht nur Windows-Store-Apps, sondern auch klassische Programme – selbst wenn diese auf einem anderen Laufwerk installiert sind.

Viele der Windows-Store-Apps können direkt aus dieser Liste heraus auf ein

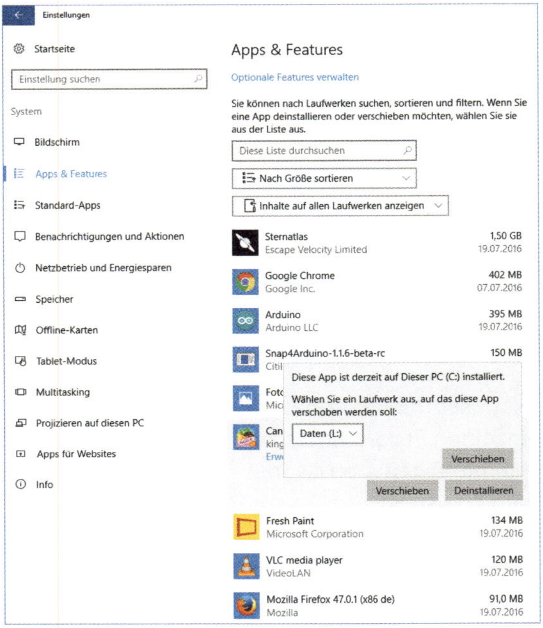

Die Liste der installierten Apps und Programme in den Einstellungen.

anderes Laufwerk verschoben werden, wenn der Speicherplatz auf *C:* knapp wird.

Apps lassen sich jetzt auf ihren Ursprungszustand zum Installationszeitpunkt zurücksetzen. Unterstützt eine App diese Option, können Sie in der Liste darauf klicken und dann auf *Erweiterte Optionen*.

Klicken Sie auf der nächsten Bildschirmseite auf *Zurücksetzen*, werden Benutzereinstellungen und Daten zurückgesetzt und die App reagiert beim nächsten Starten wie bei der Erstinstallation. Mit klassischen Programmen in dieser Liste funktioniert das nicht.

Standard-Apps

Unter *System/Standard-Apps* legen Sie fest, welche Dateitypen beim Doppelklick im Explorer standardmäßig mit welchem Programm geöffnet werden.

Außer den einfachen Grundeinstellungen gibt es Links, über die Standard-Apps nach Dateiendungen oder Protokollen festgelegt werden können.

Umgekehrt kann man auch einzelnen Programmen bestimmte Dateitypen als Standard zuweisen.

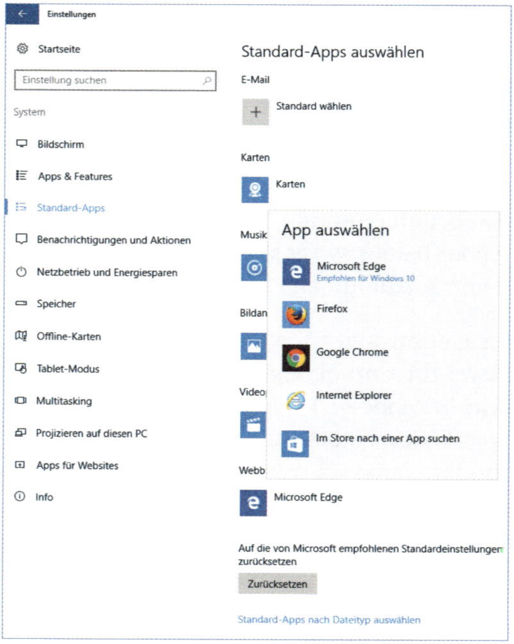

Standard-Apps auswählen.

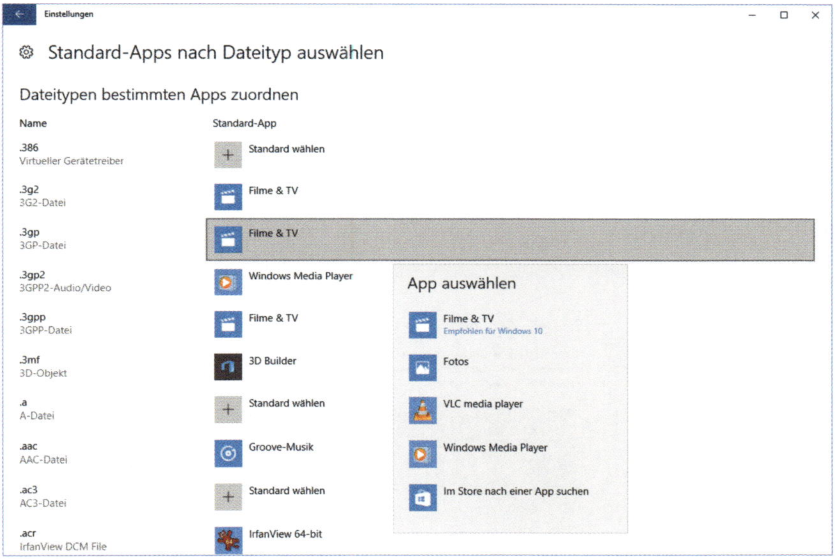

Standard-Apps nach Dateiendungen auswählen.

Standard-Browser ändern

In Windows 10 gibt es für Entwickler von Webbrowsern keine Möglichkeit mehr, automatisch ein Dialogfeld zu öffnen, wenn der eigene Browser nicht Standard-Browser ist, und daraus den Standard-Browser umzuschalten. Nutzer externer Browser wie Firefox oder Google Chrome müssen den Weg über die *Einstellungen* gehen, um den Standard-Browser zu ändern.

Benachrichtigungen und Aktionen

In den *Einstellungen* unter *System/Benachrichtigungen und Aktionen* legen Sie fest, welche Apps und Systemereignisse Benachrichtigungen im Info-Center anzeigen sollen. Außerdem wählen Sie hier aus, welche Schnellaktionssymbole im Infobereich der Taskleiste zu sehen sein sollen und in welcher Reihenfolge diese angeordnet sein sollen.

Für jede App, die Benachrichtigungen verwendet, können Sie einzeln festlegen, ob diese auch Benachrichtigungsbanner anzeigen und Sounds abspielen darf.

Benachrichtigungsbanner sind Meldungen, die in der rechten unteren Bildschirmecke eine kurze Zeit lang über laufenden Apps eingeblendet werden. Schalten Sie hier die lästigen Werbebenachrichtigungen bestimmter Apps, z. B. *Office holen*, aus.

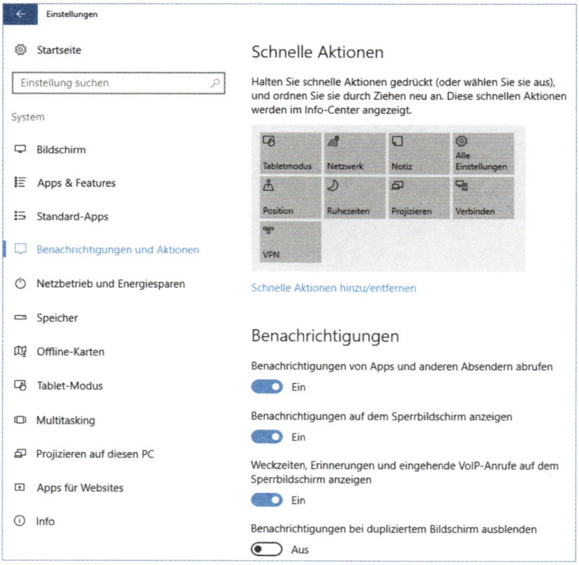

Einstellungen für Benachrichtigungen und Aktionen.

Netzbetrieb und Energiesparen

Unter *System/Netzbetrieb und Energiesparen* legen Sie fest, nach welcher Inaktivitätszeit der Bildschirm ausgeschaltet wird und wann der PC in den Energiesparmodus geht. Beide Zeiten lassen sich für Akku- und Netzbetrieb getrennt einstellen.

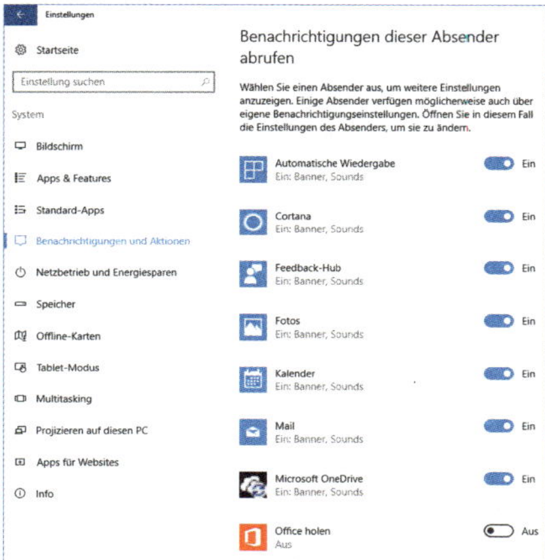

Benachrichtigungsarten für einzelne Apps festlegen.

Akku

In den *Einstellungen* unter *System/Akku* sehen Sie auf Notebooks mit Akku die verbleibende Akkukapazität und Laufzeit. Diese Daten sehen Sie einfacher auch mit einem Klick auf das Akkusymbol im Infobereich der Taskleiste. Auf PCs ohne Akku steht der Stromsparmodus nicht zur Verfügung.

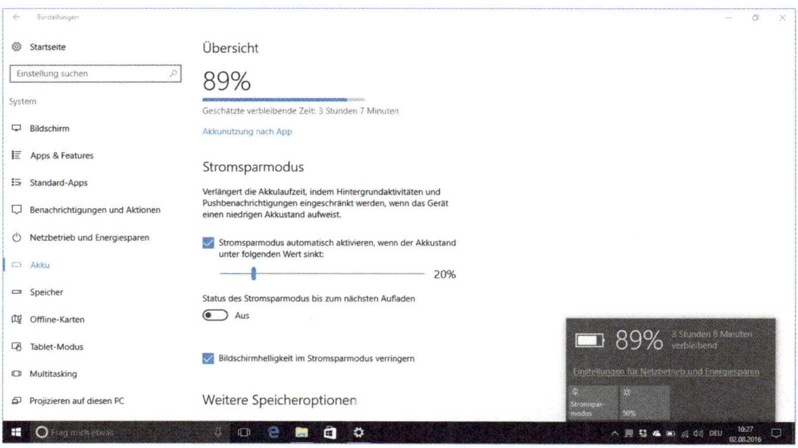

Akkuanzeige in den Einstellungen und über das Infobereich-Symbol.

Ein Klick auf *Akkunutzung nach App* liefert ausführliche Informationen darüber, welche App in der letzten Zeit wie stark zum Stromverbrauch beigetragen hat.

Der Stromsparmodus, der die Bildschirmhelligkeit absenkt und Push-Benachrichtigungen unterbindet, kann manuell eingeschaltet werden oder automatisch, wenn der Akkustand einen bestimmten Wert unterschreitet.

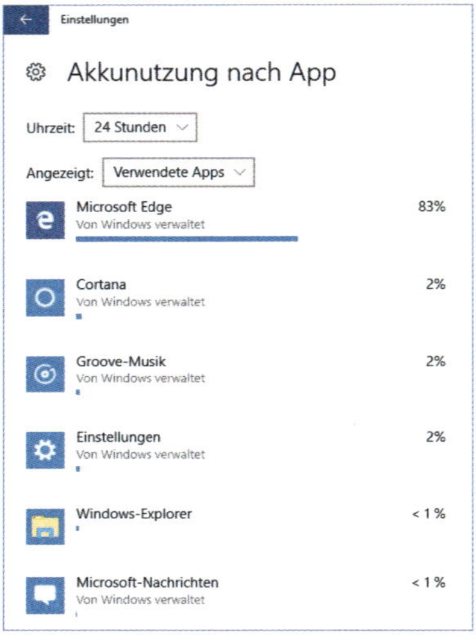

Akkunutzung durch die verschiedenen Apps anzeigen.

Speicher

Unter *System/Speicher* wird der belegte Speicherplatz auf allen angeschlossenen Laufwerken angezeigt.

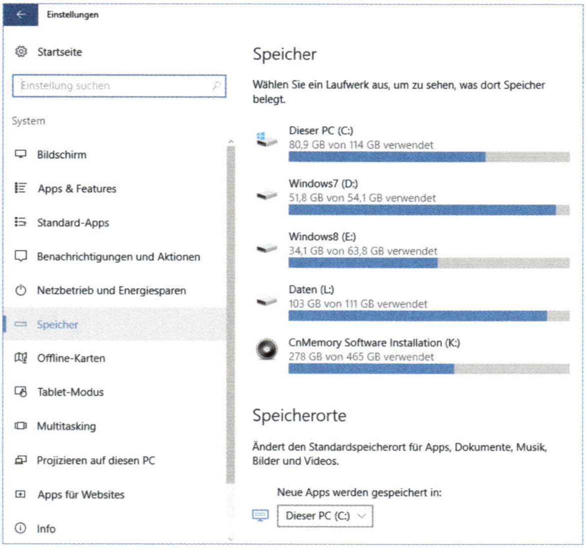

Speicherauslastung auf allen Laufwerken anzeigen.

Klicken Sie auf ein Laufwerk, wird detailliert angezeigt, welche Art von Daten wie viel Speicherplatz belegt. Klicken Sie in der Ansicht eines Laufwerks ganz unten auf *Temporäre Dateien*, können Sie temporäre Dateien, Downloads, den Papierkorb und die vorherige Windows-Version mit wenigen Klicks von der Festplatte löschen. Weiterhin legen Sie unter *System/Speicher* fest, welche Datentypen standardmäßig auf welchem Laufwerk gespeichert werden.

Bestimmte Arten von Daten, z. B. Fotos, können auch standardmäßig auf OneDrive abgelegt werden. Diese Grundeinstellung gilt nur für Windows-Store-Apps. Klassische Programme haben meistens ihre eigenen Speichereinstellungen.

Temporäre Dateien über die Einstellungen entfernen.

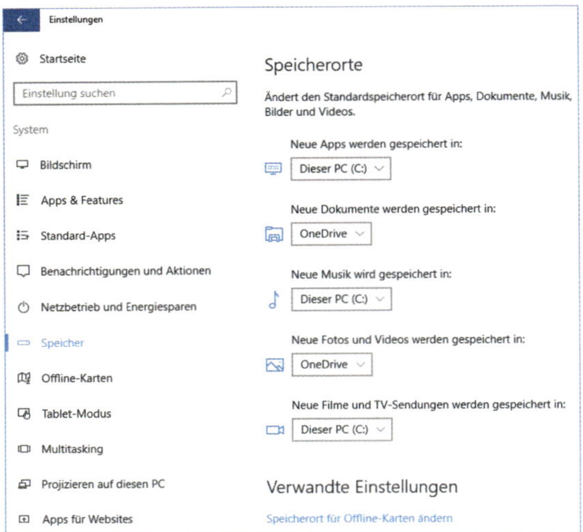

Standardspeicherorte für neue Daten festlegen.

Offline-Karten

Hier wählen Sie für die Karten-App Karten aus, die zur Offline-Nutzung unterwegs vorab heruntergeladen werden sollen. Standardmäßig steht das Kartenmaterial der App nur mit Internetverbindung zur Verfügung, was unterwegs oft wenig hilfreich ist.

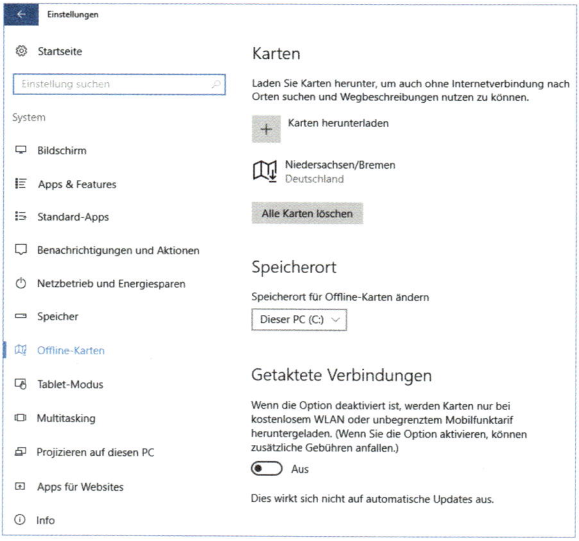

Offline-Karten in den Einstellungen verwalten.

Wird der Speicherplatz knapp, löschen Sie nicht mehr benötigte Offline-Karten. Online funktioniert die Karten-App trotzdem weiter.

Weiter unten auf der Seite können Sie die automatische Aktualisierung der Offline-Karten einschalten, wenn eine nicht getaktete Internetverbindung zur Verfügung steht.

Getaktete Internetverbindungen sind meist kostenpflichtig oder volumenbegrenzt und werden daher nicht zur automatischen Aktualisierung verwendet.

Microsoft bietet Karten für alle Regionen der Erde an, die nach Kontinenten und Ländern ausgewählt werden können.

Tablet-Modus

Hier legen Sie einige Einstellungen zum *Tablet-Modus* fest, unter anderem, ob das Gerät z. B. durch An- und Abstecken einer Tastatur den Tablet-Modus automatisch umschalten darf. Einfacher als über *System/Tablet-Modus* in den *Einstellungen* schalten Sie den Tablet-Modus über das Symbol im Info-Center um.

Im Tablet-Modus können die App-Symbole in der Taskleiste oder auch die Taskleiste komplett ausgeblendet werden, um Platz auf dem Bildschirm zu sparen, da die Apps im Tablet-Modus ohnehin im Vollbildmodus dargestellt werden und die Umschaltung zwischen den Apps durch eine horizontale Wischgeste vom linken Bildschirmrand in Richtung Bildschirmmitte erfolgt.

Multitasking

Hier legen Sie das Verhalten von Fenstern beim Andocken an einem der Bildschirmränder fest. So kann zum Beispiel, wenn ein Fenster in der linken oder rechten Bildschirmhälfte angedockt wird, in der anderen Bildschirmhälfte eine Liste aller Fenster erscheinen, um auf einfache Weise eines dort anzudocken und mit zwei Fenstern parallel zu arbeiten. Weiterhin legen Sie hier fest, ob beim Fensterwechsel nur die Fenster auf dem aktuellen Desktop oder alle zu sehen sein sollen.

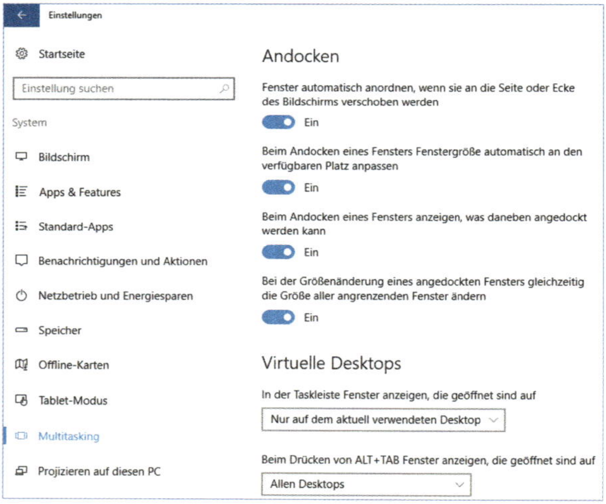

Einstellungen für das Andocken von Fenstern.

Auf ausreichend großen Bildschirmen können sogar vier Fenster auf diese Weise dargestellt werden. Ziehen Sie dazu jedes Fenster in eine der Bildschirmecken.

Projizieren auf diesen PC

Wenn der PC Miracast-Empfang unterstützt, können Sie den PC dafür verwenden, um Bildschirminhalte eines Tablets, Notebooks oder Smartphones auf diesem PC darzustellen.

In den *Einstellungen* bestimmen Sie, ob eine Frage bei jeder Verbindungsanforderung oder eine PIN zum Projizieren nötig ist.

Apps für Websites

Einige große Webseiten liefern eigene Apps zum komfortablen Zugriff auf die Seite. In den *Einstellungen* können Sie festlegen, dass bestimmte Webseiten beim Aufruf über einen Link, z. B. in einer E-Mail, direkt mit der jeweiligen App aufgerufen werden, anstatt mit dem Browser.

Info

System/Info zeigt wichtige Informationen zur installierten Windows-Version, zum Computernamen, zur Arbeitsgruppe, zum installierten Speicher sowie Prozessortyp an. Computername und Domäne können an dieser Stelle auch geändert werden.

Hier können Sie auch den Product Key ändern, um von einer Windows-Edition auf eine andere umzusteigen, z. B. von Windows 10 Home auf Pro.

Vergleichbare Informationen zeigt die klassische Systemsteuerung unter *System und Sicherheit/System* oder noch schneller mit der Tastenkombination ⊞+Pause an.

Geräte

Drucker & Scanner

Die *Einstellungen* bieten unter *Geräte/Drucker & Scanner* eine einfache Möglichkeit, neue Druckertreiber zu installieren. Die meisten anderen Geräte müssen weiterhin über die klassische Systemsteuerung installiert werden.

Haben Sie mehrere Drucker angeschlossen, werden Sie trotzdem meistens mehrere Dokumente hintereinander auf demselben Drucker ausdrucken. Um hier nicht jedes Mal diesen Drucker neu auswählen zu müssen, kann Windows 10 den zuletzt verwendeten Drucker automatisch als Standarddrucker festlegen. Aktivieren Sie dazu in den *Einstellungen* unter *Geräte/Drucker & Scanner* den Schalter *Standarddrucker von Windows verwalten lassen*.

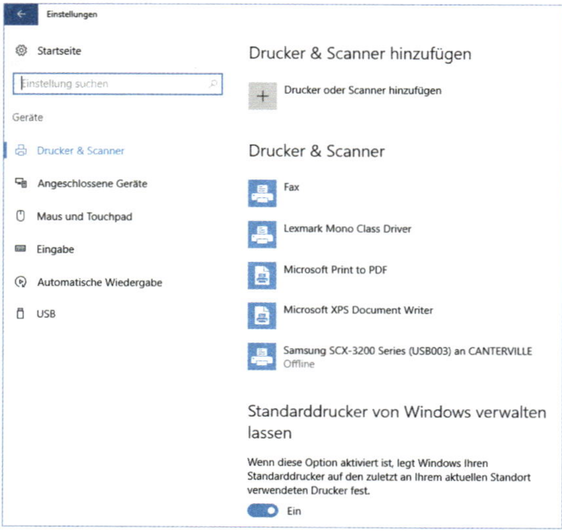

Die Liste installierter Drucker.

Angeschlossene Geräte

Diese Liste zeigt die angeschlossenen Geräte, unter anderem Tastatur, Monitor, externe Laufwerke. Allerdings werden keine Informationen zu den Geräten dargestellt, sie können bei Problemen nur entfernt werden. Es gibt aber Links auf die klassische Systemsteuerung, die Detaildaten liefert.

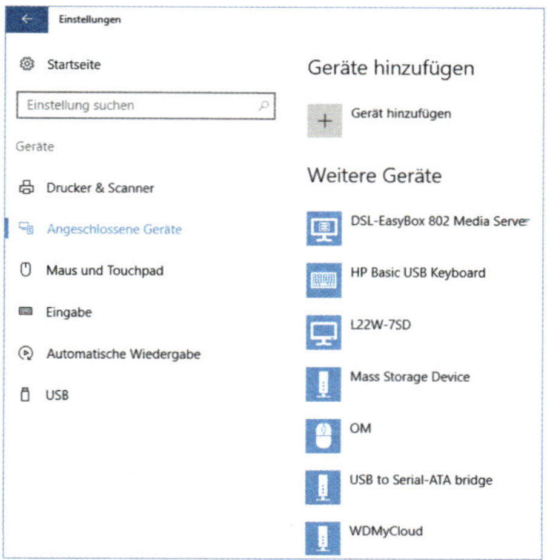

Die Geräteübersicht in den Einstellungen.

Maus und Touchpad

Unter *Geräte/Maus und Touchpad* lassen sich die Maustasten vertauschen – besonders bei Linkshändern beliebt – und die Geschwindigkeit des Bildlaufs mit dem Mausrad einstellen. Diese Einstellungen sind aus früheren Windows-Versionen bekannt. Neu hingegen ist der Schalter *Inaktive Fenster beim Daraufzeigen scrollen*. Ist dieser aktiviert, kann man mit dem Mauszeiger über ein inaktives Fenster fahren und dieses mit dem Mausrad scrollen, ohne dass das Fenster angeklickt und in den Vordergrund gebracht werden muss. Dies ist besonders beim Schreiben von Texten nützlich, wenn man nebenbei im Browser etwas recherchiert. Man versetzt nicht mehr versehentlich den Cursor in der Textverarbeitung beim Wechsel zwischen den Fenstern.

Eingabe

Unter *Geräte/Eingabe* kann die eingebaute Rechtschreibprüfung abgeschaltet werden. Diese wird zurzeit aber noch nicht von allen Windows-Apps unterstützt. Besonders klassische Programme setzen immer noch auf eigene Rechtschreibkorrekturen und nutzen dafür nicht die neue Betriebssystemkomponente.

Automatische Wiedergabe

Die automatische Wiedergabe regelt, was passiert, wenn ein Wechseldatenträger, z. B. ein USB-Stick, angeschlossen oder eine Speicherkarte eingesteckt wird.

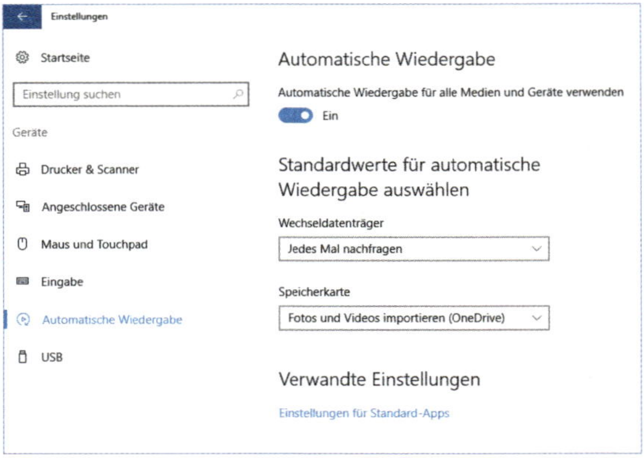

Einstellungen für die automatische Wiedergabe.

USB

Hier legen Sie fest, ob Windows Sie bei Problemen mit angeschlossenen USB-Geräten über das Info-Center benachrichtigen soll.

Netzwerk und Internet

Status

Die neue Statusanzeige zeigt auf einen Blick, ob die Netzwerkverbindung funktioniert. Die verschiedenen Optionen unter *Netzwerkeinstellungen ändern* sind Links auf die klassische Systemsteuerung, die an dieser Stelle übersichtlich zusammengefasst wurden.

Sollten alle zuvor beschriebenen Tipps die Verbindungsprobleme zu Netzwerklaufwerken nicht lösen, können Sie die Netzwerkeinstellungen komplett auf Standardwerte zurücksetzen.

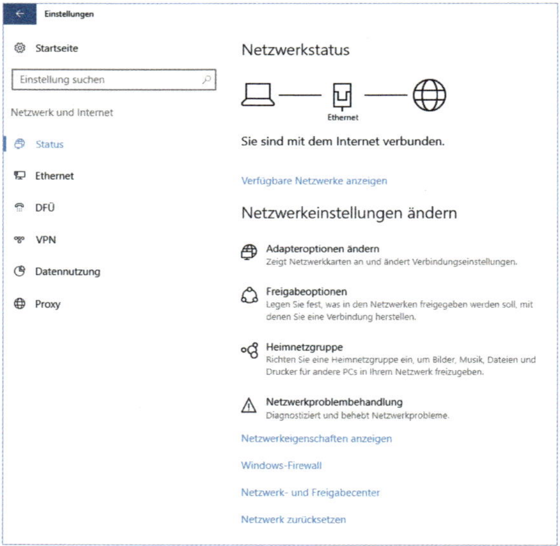

Netzwerkstatus in den Einstellungen.

Klicken Sie dazu ganz unten auf den Link *Netzwerk zurücksetzen*. Jetzt erscheint noch eine Warnung, die Sie bestätigen müssen. Da die meisten privaten Nutzer aber weder VPN-Clientsoftware noch virtuelle Switches installiert haben, sind die Folgen des Zurücksetzens nicht so dramatisch, wie es die Meldung vermuten lässt. Im Gegenteil – nach einem Neustart des PCs funktioniert das Netzwerk meistens wieder.

Ethernet

Im Bereich *Netzwerk und Internet/Ethernet* ist eine aktive Ethernet-Verbindung zu sehen. Hier finden Sie auch verschiedene Links auf Module der klassischen Systemsteuerung zur Netzwerkkonfiguration.

Ein Klick auf die Netzwerkverbindung zeigt die lokale IP-Adresse und MAC-Adresse. Hier können Sie in öffentlichen Netzwerken abschalten, dass der eigene PC von anderen gefunden wird.

WLAN

In den *Einstellungen* unter *Netzwerk und Internet/WLAN* sind die WLANs in Reichweite aufgelistet. Hier können Sie eine Verbindung herstellen oder trennen sowie auch die automatische Verbindung einstellen, wenn ein bestimmtes WLAN in der Nähe ist.

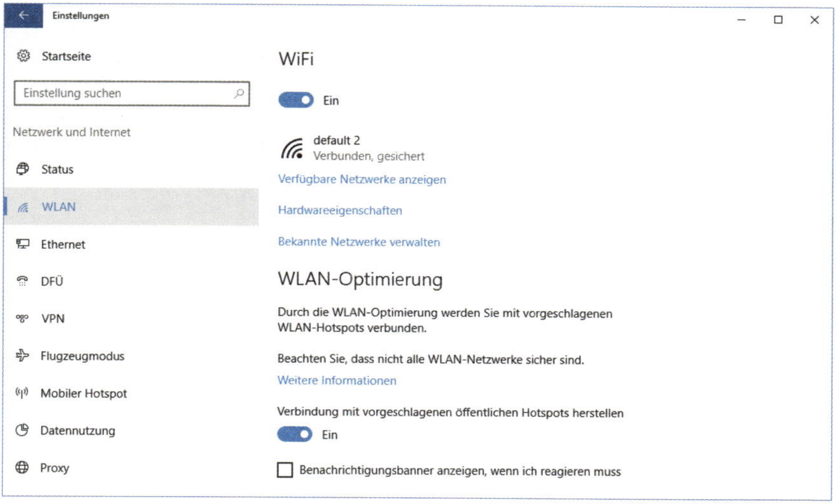

Einstellungen für WLAN-Verbindungen.

Markieren Sie ein Netzwerk. Unter *Eigenschaften* finden Sie unter anderem die MAC-Adresse Ihres Gerätes. Unter *WLAN-Optimierung* legen Sie fest, ob zu öffentlichen Hotspots und von Kontakten freigegebenen WLANs automatisch Verbindungen hergestellt werden.

Über den Link *Bekannte Netzwerke verwalten* finden Sie eine Liste aller auf dem Gerät gespeicherten WLANs. Bei Verbindungsproblemen können Sie hier einzelne WLANs löschen und sich dann durch Eingabe des Schlüssels dort neu anmelden.

Auf PCs ohne WLAN erscheint dieser Bereich in den *Einstellungen* nicht. Um einfach nur eine Verbindung mit einem WLAN herzustellen, brauchen Sie nicht die *Einstellungen* aufzurufen.

Einfacher geht es über einen Klick auf das Netzwerksymbol im Infobereich der Taskleiste. Hier werden ebenfalls alle verfügbaren WLANs angezeigt. Klicken Sie auf das gewünschte WLAN, um sich zu verbinden. Bei verschlüsselten Netzwerken müssen Sie noch den Schlüssel eingeben.

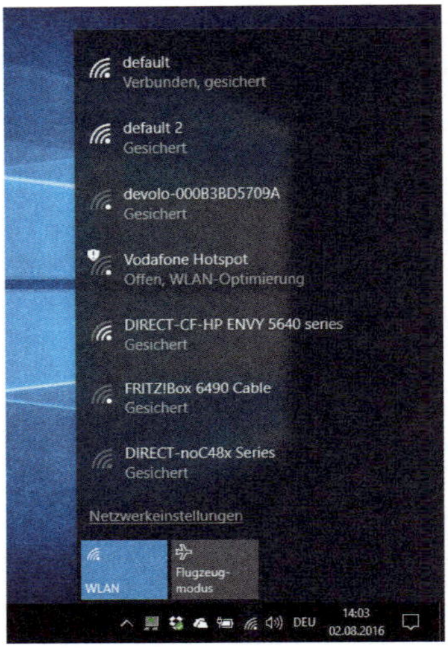

Sichtbare WLANs in der Nähe.

Flugzeugmodus

Im Flugzeugmodus werden alle Funkverbindungen, WLAN, Bluetooth, Mobilfunk abgeschaltet, um das Gerät in Flugzeugen oder anderen Bereichen nutzen zu können, wo Funkverbindungen wegen möglicher Störungen elektronischer Geräte nicht erlaubt sind. Einfacher als über die *Einstellungen* schalten Sie ein Gerät über eine Schaltfläche unten im Info-Center in den Flugzeugmodus.

DFÜ

Kaum zu glauben, aber im Bereich *Netzwerk und Internet/DFÜ* wird ein Dialogfeld der klassischen Systemsteuerung geöffnet, in dem man unter anderem heute noch Datenverbindungen über analoge Modems einrichten kann.

VPN

Unter *Netzwerk und Internet/VPN* bietet Windows 10 eine im Vergleich zu früheren Windows-Versionen sehr komfortable Möglichkeit zum Einrichten einer VPN-Verbindung mit einem Firmennetzwerk.

Datennutzung

Im Bereich *Netzwerk und Internet/Datennutzung* wird die Menge der über das Netzwerk übertragenen Daten in den letzten 30 Tagen angezeigt.

Besonders interessant ist dies bei volumenabhängigen Internettarifen über LTE und andere Mobilfunkverbindungen.

Ein Klick auf *Nutzungsdetails* zeigt, welche Apps am meisten zur Datennutzung beigetragen haben.

Leider ist die Anzeige nicht besonders aussagekräftig, da Datenübertragungen innerhalb des lokalen Netzwerks und Datenübertragungen aus dem Internet nicht getrennt erfasst werden.

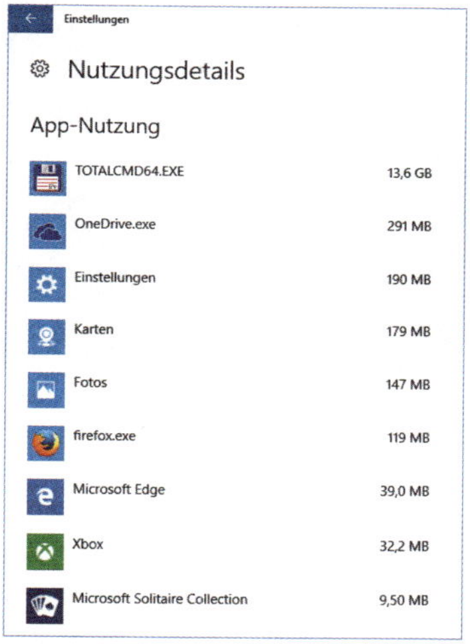

Datenverbrauch einzelner Apps in den letzten 30 Tagen.

Proxy

Falls Sie einen Proxyserver für die Netzwerkverbindung verwenden, geben Sie hier die notwendigen Daten ein oder starten Sie ein Setupskript.

Personalisierung

Hintergrund

Die wahrscheinlich am häufigsten aufgerufene Windows-Einstellung ist die für das Hintergrundbild. Der gewohnte Rechtsklick auf den Desktop zeigt immer noch ein Kontextmenü, in dem man über *Anpassen* zur Auswahl des Hintergrundbildes kommt.

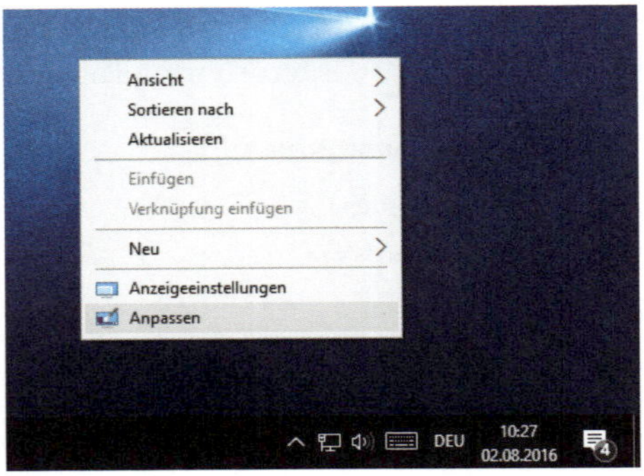

Das Kontextmenü beim Rechtsklick auf den Desktop.

Die Auswahl eines Bildes oder einer Diashow findet sich jetzt in der Einste -lungen-App.

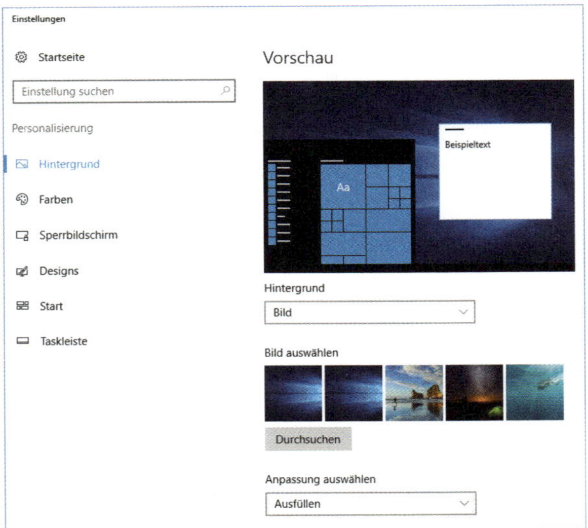

Hintergrundbild für den Desktop auswählen.

Farben

Windows 10 verwendet für Einstellungen, Startmenükacheln sowie auch einige Apps zusätzlich zu Schwarz und Weiß noch eine Akzentfarbe. Diese Farbe kann in den *Einstellungen* unter *Personalisierung/Farben* aus einer Palette ausgewählt oder automatisch aus dem Hintergrundbild ausgewählt werden. Neu im Anniversary Update ist, dass man diese Akzentfarbe auch nur für Fenstertitel verwenden kann, ohne gleich Info-Center und Startmenü mit einfärben zu müssen. Auf der gleichen Seite lässt sich der Transparenzeffekt von Taskleiste, Startmenü und Info-Center ein- und ausschalten.

Bisher war das dunkle Bildschirmthema, wie man es von Windows Phones kennt, in Windows 10 nur über einen undokumentierten Griff in die Registry nutzbar. Seit dem Anniversary Update wechseln Sie mit der Option *App-Modus auswählen* in den *Einstellungen* unter *Personalisierung/Farben* zu weißer Schrift auf schwarzem Grund. Bis jetzt unterstützen neben den *Einstellungen* selbst nur ein paar vorinstallierte Standard-Apps wie *Mail, Kalender, Uhr, Karten* und der Windows Store das dunkle Farbthema. In Microsoft Edge kann man das Design weiterhin unabhängig von dieser Systemeinstellung wählen.

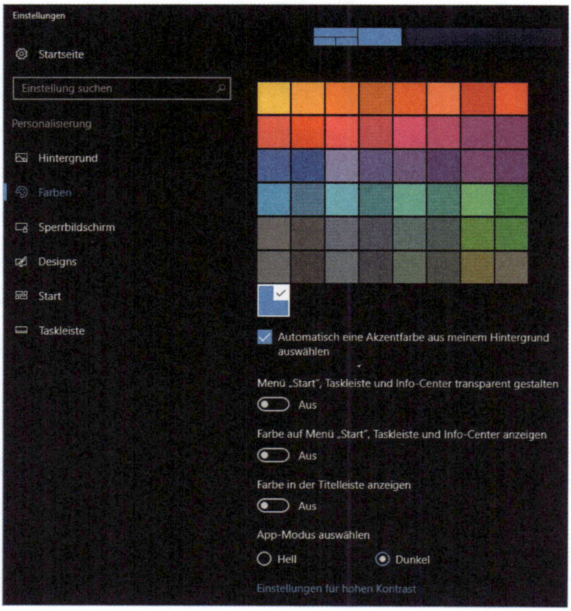

Die Eigenschaften im dunklen Design.

Sperrbildschirm

In den Einstellungen für den Sperrbildschirm legen Sie nicht nur das Bild fest, das dort angezeigt wird, sondern auch, welche Apps auf dem Sperrbildschirm Statusinfos anzeigen dürfen. Dabei kann eine App ausführliche Statusinfos in Form einer Textzeile anzeigen. Weitere Apps zeigen nur Symbole und dazu zum Beispiel die Anzahl neuer E-Mails oder die Zeit des nächsten Weckers.

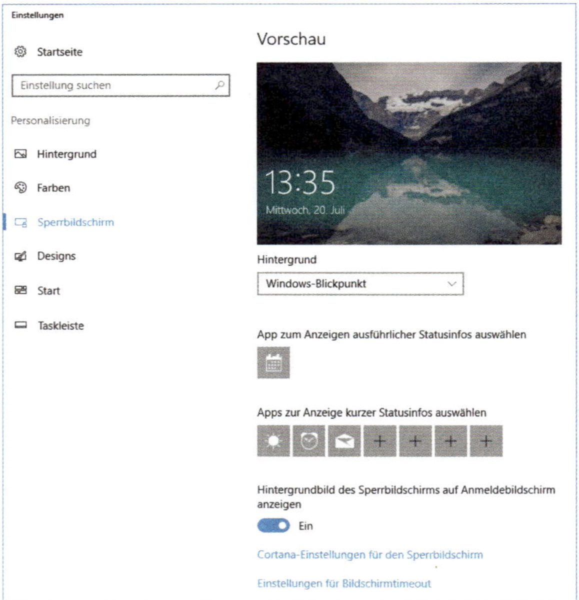

Die Einstellungen für den Sperrbildschirm.

Die neue Option *Windows-Blickpunkt* zeigt automatisch vorgeschlagene Fotos in regelmäßigem Wechsel auf dem Sperrbildschirm an.

Designs

Um ein komplettes Design auszuwählen oder zu verändern, muss man hier über einen Link in die klassische Systemsteuerung wechseln.

Allerdings werden nur noch vorhandene persönliche Designs aus früheren Windows-Versionen unterstützt. Man kann keine Designs mehr selbst anlegen.

Weiterhin finden Sie an dieser Stelle Links zu Soundeinstellungen, Desktop-Symboleinstellungen und Mauszeigereinstellungen, die in früheren Windows-Versionen ebenfalls über Designs gesteuert wurden.

Start

Hier legen Sie fest, ob die meistverwendeten Apps, zuletzt hinzugefügte Apps und zuletzt geöffnete Elemente im Startmenü angezeigt werden sollen.

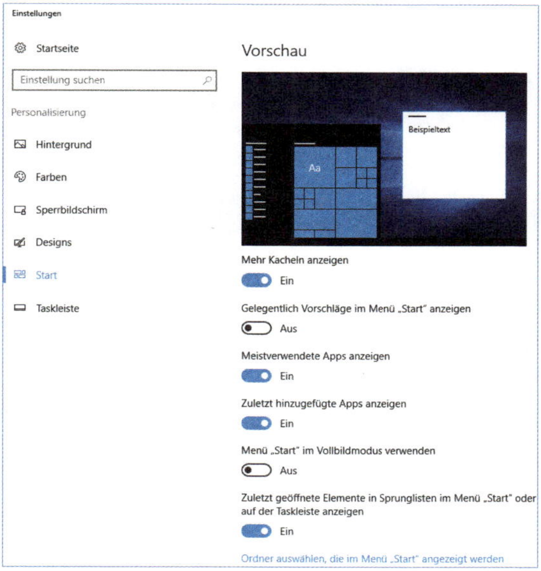

Die Einstellungen für das Startmenü.

Mit dem Schalter *Mehr Kacheln anzeigen* wird jede Gruppe von Startmenükacheln vier statt drei Rasterfelder breit, sodass mehr Apps gleichzeitig dargestellt werden können. Besonders interessant ist der Schalter *Menü „Start" im Vollbildmodus verwenden*, der etwas vom Bedienkomfort aus Windows 8.1 in Windows 10 zurückbringt.

Deaktivieren Sie den Schalter *Gelegentlich Vorschläge im Menü „Start" anzeigen*, um nicht mehr von Werbung für Windows-Store-Apps im Startmenü belästigt zu werden. Über den Link *Ordner auswählen, die im Menü „Start" angezeigt werden* können Sie weitere Ordner aus dem persönlichen Benutzerprofil als Symbole in der linken Symbolleiste im Startmenü verankern.

Taskleiste

Unter *Personalisierung/Taskleiste* finden Sie die aus früheren Windows-Versionen bekannten Einstellungen, um die Taskleiste an einen anderen Bildschirmrand zu bringen, automatisch auszublenden oder Taskleistenschaltflächen zu gruppieren.

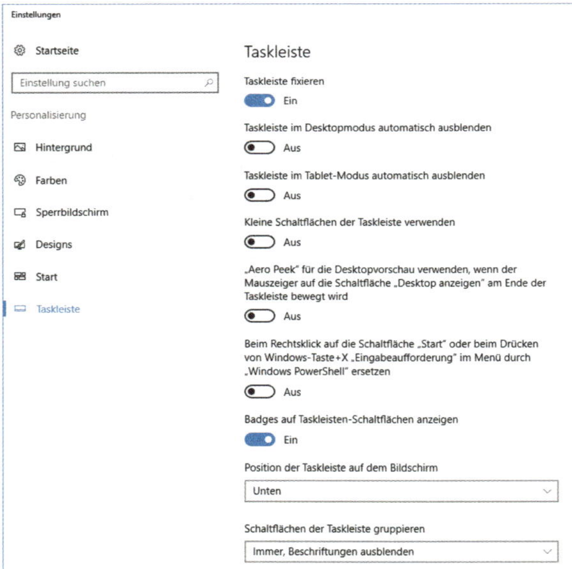

Die neuen Einstellungen der Taskleiste.

Konten

Ihre Infos

Im Bereich *Konten/Ihre Infos* verwalten Sie Ihr Microsoft-Konto und das Profilbild. Falls Sie Windows 10 noch mit einem lokalen Benutzerkonto installiert haben, können Sie hier auf ein Microsoft-Konto wechseln.

E-Mail- & App-Konten

Die neue *Einstellungen*-Seite *Konten/E-Mail- & App-Konten* bietet einen zentralen Überblick über alle von Apps verwendeten Konten. Hier können Sie weitere Konten für E-Mail, Kalender und Kontakte hinzufügen, wie auch weitere Microsoft-Konten, die von Apps genutzt werden können.

Anmeldeoptionen

In den *Anmeldeoptionen* können Sie Ihr Kontokennwort ändern. Dazu muss das aktuelle Kennwort bekannt sein. Zusätzlich können Sie eine vierstellige PIN zur schnelleren Anmeldung festlegen, die dann aber nur für dieses Gerät gilt. Ihr sicheres Passwort wird auf anderen Geräten und im Browser weiterhin benutzt.

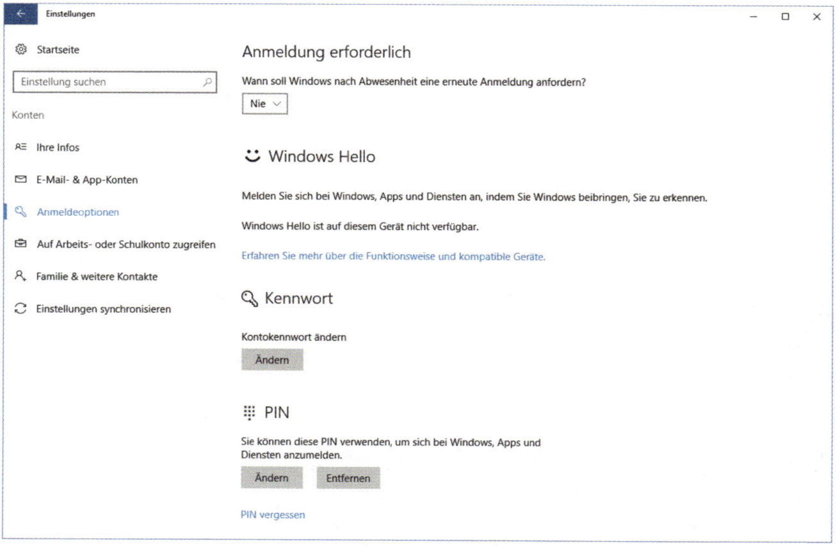

Einstellungen für die Anmeldung.

Passworteingabe nach Bildschirmsperre abschalten

Wird der Computer eine Weile nicht benutzt, zeigt Windows 10 automatisch den Sperrbildschirm, der mit der [↵]-Taste oder auf Touchscreens mit einer Wischbewegung nach oben ausgeblendet wird. Allerdings fragt Windows 10 in der Grundeinstellung nach dem Benutzerpasswort, was sehr lästig sein kann. Schalten Sie in den *Einstellungen* unter *Konten/Anmeldeoptionen* auf *Nie*, um diese Passwortabfrage abzuschalten.

Anstatt über Kennwort oder PIN können Sie sich auch mit einem Bildcode anmelden, was besonders auf Geräten mit Touchscreen eine komfortable Methode darstellt. Dafür müssen Sie eine Kombination aus drei Touchgesten, Linien, anzutippenden Punkten oder Kreisen auf einem Bild festlegen. Das Bild erscheint dann auf dem Anmeldebildschirm, auf dem Sie zur Anmeldung die gleichen Gesten auswendig nachfahren müssen.

Gesten für Anmeldung per Bildcode einrichten.

Biometrische Anmeldung mit Windows Hello

Windows Hello stellt neue biometrische Anmeldeverfahren zur Verfügung. Dabei können Sie sich entweder für einen Fingerabdruckscanner oder eine Gesichtserkennung entscheiden. Das Anniversary Update erweitert diese um die Möglichkeit der sicheren Anmeldung bei passwortgeschützten Webseiten im Edge-Browser per Gesichtserkennung. Ein Grund, warum Windows Hello bisher kaum genutzt wird, sind die hohen technischen Anforderungen. Man benötigt eine Spezialkamera, die Tiefeninformationen erfassen und somit ein echtes Gesicht von einem Foto unterscheiden kann. Mit dem Update können auch sogenannte Companion Devices, Smartphones oder Smartwatches zur sicheren Anmeldung verwendet werden, ähnlich wie Android es mit »Smart Lock« macht.

Auf Arbeits- oder Schulkonto zugreifen

Im Bereich *Konten/Auf Arbeits- oder Schulkonto zugreifen* melden Sie sich mit diesem PC an einem Firmen- oder Schulnetzwerk an. Diese Anmeldung gilt nur für diesen einen PC und benötigt ein Benutzerkonto im jeweiligen Netzwerk. Die Anmeldedaten werden nicht über das Microsoft-Konto synchronisiert.

Familie und weitere Kontakte

Die klassische Benutzerverwaltung wurde in Windows 10 grundlegend überarbeitet. Da die meisten PCs von Familien genutzt werden, kann man jetzt Familienmitglieder als Benutzer anlegen. Diese können ihre eigenen Microsoft-Konten verwenden, um auf OneDrive, Skype, Xbox und andere Microsoft-Dienste zuzugreifen, und haben auch ihre eigenen persönlichen Desktops.

Bei Familienmitgliedern wird zwischen Kindern und Erwachsenen unterschieden. Bei Kindern können Webseiten blockiert sowie Zeiten und Spiele gesperrt werden. Diese Einstellungen werden online im Microsoft-Konto des Hauptbenutzers gespeichert und wurden aus dem früheren Microsoft Family Safety Programm übernommen.

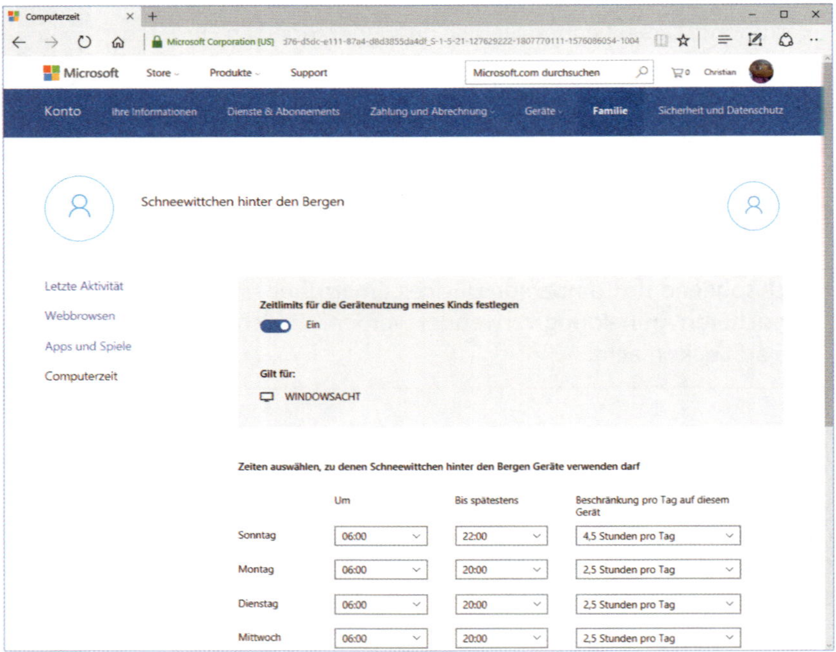

Jugendschutzeinstellungen für Kinder in der Familie.

Unter *Andere Personen* richten Sie Benutzer ein, die nicht zur Familie gehören, um z. B. klassische Benutzer auf einem Bürocomputer einzurichten. Für öffentlich zugängliche Computer können Sie Benutzer anlegen, die nur eine einzige App nutzen können.

Einstellungen synchronisieren

Im Bereich *Einstellungen synchronisieren* legen Sie fest, welche Einstellungen des PCs mit anderen PCs über OneDrive synchronisiert werden sollen. Auf diese Weise brauchen Sie bei mehreren Geräten Ihre persönlichen Lieblingseinstellungen nicht überall manuell vorzunehmen.

Wenn Sie das Design synchronisieren, sehen alle Ihre PCs gleich aus. Jede Veränderung des Desktops wirkt sich auf alle PCs aus. Nur die Desktop-Symbole für Programme und Dateien werden nicht synchronisiert.

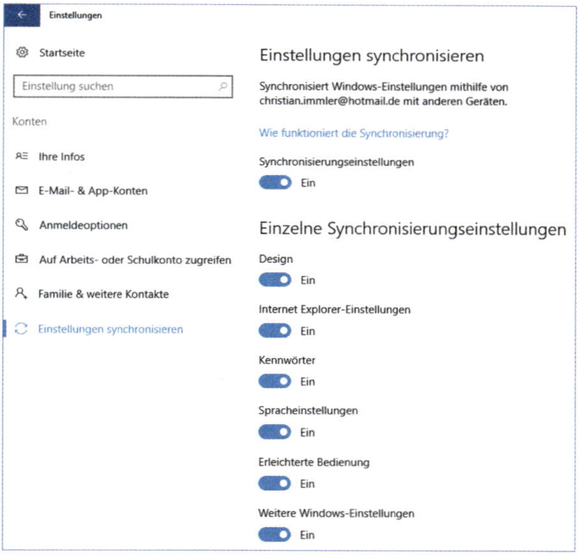

Auswahl der zu synchronisierenden Einstellungen.

Zeit und Sprache

Datum und Uhrzeit

Windows 10 synchronisiert die Uhrzeit üblicherweise über einen Zeitserver, sodass Sie sich um eine genau laufende Uhr nicht zu kümmern brauchen. Wichtig ist nur, dass die richtige Zeitzone eingestellt ist, damit das Zeitsignal des Zeitservers passend umgesetzt werden kann.

Region und Sprache

Unter *Region und Sprache* können Sie bei Bedarf zusätzliche Sprachen hinzufügen, um für fremdsprachige Texte die passenden Tastaturlayouts und Rechtschreibprüfungen nutzen zu können.

Spracherkennung

Windows 10 kann per Spracheingabe gesteuert werden. Unter *Spracherkennung* richten Sie die Sprachaus- und -eingabe ein. Dazu müssen vorgegebene Texte in das Mikrofon gesprochen werden.

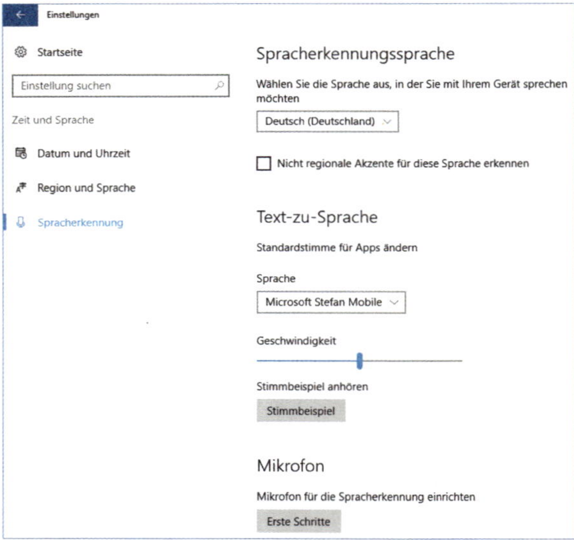

Einstellungen für die Spracherkennung.

Erleichterte Bedienung

Manchen Menschen ist das moderne Windows-Design mit seinen eleganten Farben zu kontrastschwach, und die Texte sowie Symbole sind in ihrer Originalgröße zu schwer erkennbar.

Windows 10 bietet in den *Einstellungen* unter *Erleichterte Bedienung* diverse Optionen, die sicher nur wenige Menschen nutzen, um den persönlichen Desktop und die Bedienung an die eigenen Bedürfnisse anzupassen. Dennoch sollten diese Einstellungen nicht vernachlässigt werden, da einigen Menschen erst dadurch überhaupt der Zugang zum PC möglich wird.

Datenschutz

Im Bereich *Datenschutz* der *Einstellungen* finden Sie diverse Optionen, die durch die Express-Einstellungen bei der Einrichtung des PCs standardmäßig vorgegeben sind. Hier können Sie zwischen persönlichem Datenschutzbedürfnis und Nutzerkomfort abwägen. Viele Apps wie auch Webseiten nutzen persönliche Daten, wie etwa den eigenen Standort, allerdings weniger aus mutmaßlichen Spionagegründen, sondern eher zur Erhöhung des Komforts für den Anwender, um unter anderem lokal relevante Informationen anzubieten.

Um den vollen Funktionsumfang aller Windows-Apps nutzen zu können, lassen Sie alle Schalter aktiviert. Lediglich die Verwendung der Werbungs-ID kann ohne Komfortverlust abgeschaltet werden.

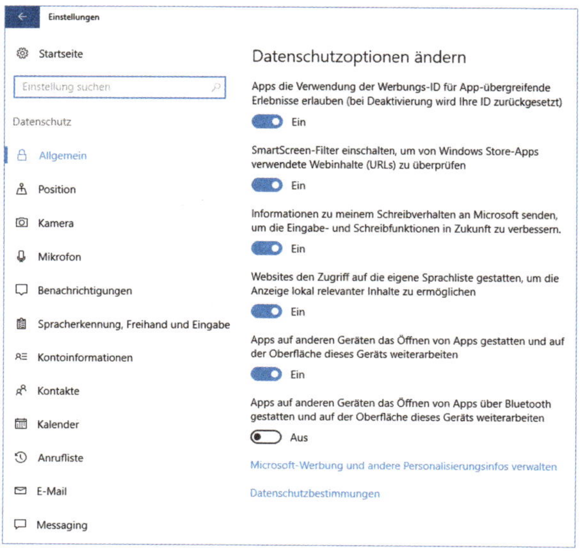

Datenschutz-Einstellungen in Windows 10.

Auf den Unterseiten können Sie einzelnen Apps den Zugriff auf bestimmte Hardware oder Systemkomponenten verwehren, was allerdings in den wenigsten Fällen sinnvoll ist, da die meisten Apps ohne Zugriff auf benötigte

Komponenten nur noch eingeschränkt funktionieren oder gar ihren Sinn und Zweck ganz verlieren. Allerdings kann es durchaus interessant sein zu sehen, welche Apps auf welche Systemkomponenten zugreifen.

Update und Sicherheit

Windows Update

Windows 10 wird wie frühere Windows-Versionen über Updates automatisch aktualisiert. Neu ist, dass in der Windows-10-Home-Version die automatischen Updates nicht mehr abgeschaltet werden können.

Updates werden automatisch installiert, wenn der PC nicht im Gebrauch ist, um durch die Update-Installation keine Leistungseinbußen zu haben. Sie können aber auch jederzeit die Updates mit einem Klick sofort installieren.

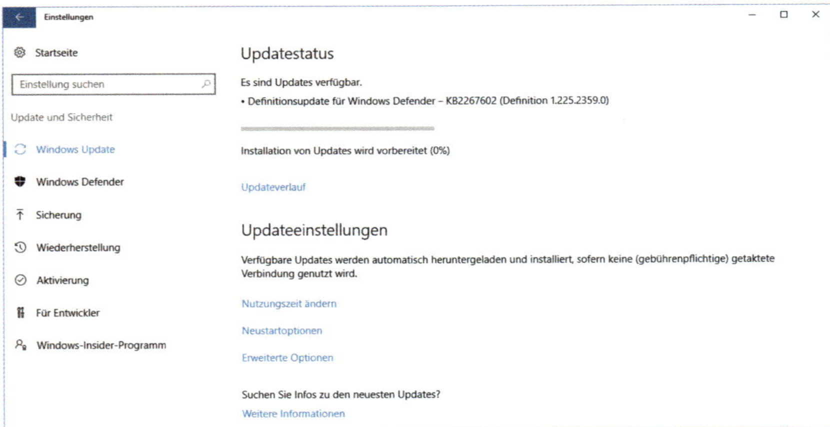

Verfügbare Updates werden in den Einstellungen angezeigt und installiert.

Ein Klick auf *Updateverlauf* zeigt die Verlaufsliste der Update-Installationen. Über den Link *Nutzungszeit ändern* legen Sie Zeiten fest, in denen der PC üblicherweise genutzt wird und Updates ihn deshalb nicht automatisch neu starten dürfen.

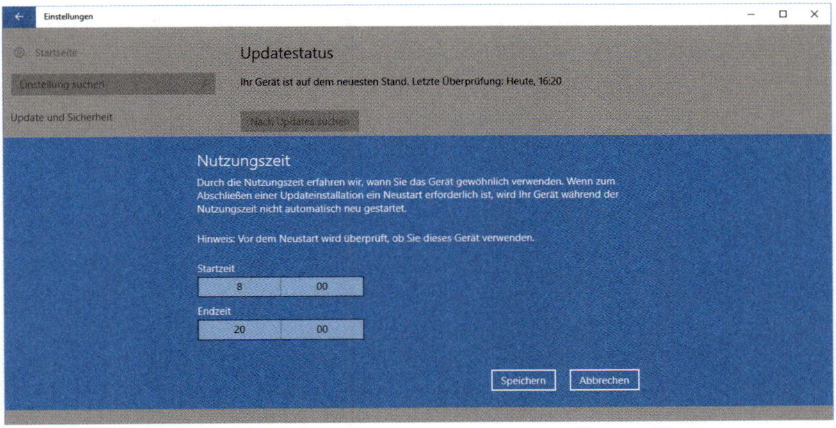

Nutzungszeiten für automatische Updates festlegen.

Windows Defender

Im Bereich *Update und Sicherheit/Windows Defender* können Sie den Echtzeitschutz des Windows Defender abschalten, sollte es mal zu Problemen kommen.

Unter *Ausschlüsse* legen Sie einzelne Dateien, Ordner oder Dateitypen fest, die vom Windows Defender nicht untersucht werden sollen. Dies ist nützlich, wenn es bei bestimmten Dateien zu Fehlalarmen kommt.

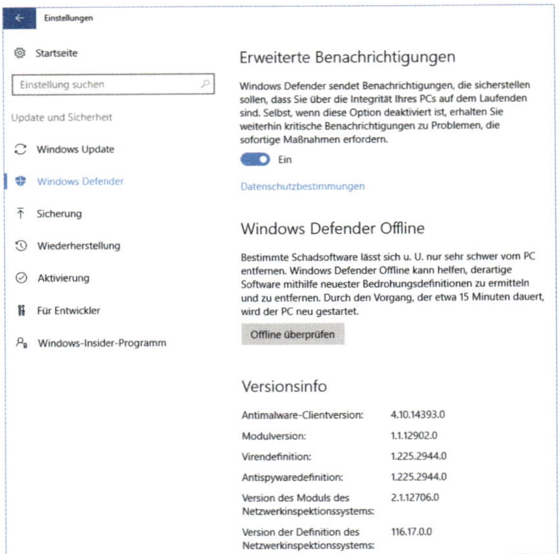

Offline-Überprüfung im Windows Defender.

Setzt sich ein Virus so im System fest, dass er im laufenden Betrieb nicht beseitigt werden kann, wie dies z. B. bei Rootkits der Fall ist, bietet der Windows Defender zusätzlich eine sogenannte Offline-Überprüfung an. Dazu wird der Computer neu gestartet und vor dem eigentlichen Windows-Start eine Schnellprüfung aller Systemdateien durchgeführt.

Sicherung

Im Bereich *Update und Sicherheit/Sicherung* schalten Sie den Dateiversionsverlauf zur Datensicherung ein oder aus. Hier finden Sie auch eine Option, um Dateien aus alten Windows-7-Datensicherungen in Windows 10 wieder einzulesen oder auch eine Windows-7-kompatible Datensicherung zu erstellen.

Wiederherstellung

Im Bereich *Update und Sicherheit/Wiederherstellung* können Sie den PC zurücksetzen. Ähnlich wie bei Windows 8.1 gibt es auch hier die Möglichkeit, eigene Dateien zu behalten. Weiterhin haben Sie hier die Möglichkeit, einen erweiterten Start durchzuführen. Beim nächsten Neustart erscheint dann ein Menü mit Reparaturoptionen, um z. B. Windows aus einem Wiederherstellungsimage neu zu installieren.

Aktivierung

Sollte Ihre Windows-Version nicht aktiviert sein, können Sie hier einen neuen Produktschlüssel eingeben, um Windows 10 zu aktivieren.

11. Tipps und Tricks

Dieses letzte Kapitel liefert noch einige nützliche Tipps zu Themen, die bisher nicht beschrieben wurden und die sich dem Benutzer auch nicht ganz von allein erschließen.

Der Windows Defender

Der bereits aus Windows 7 bekannte Windows Defender läuft auch in Windows 10 automatisch im Hintergrund und schützt den PC vor Viren, Spyware und anderer Schadsoftware. In Windows 7 scannte das Programm nur nach Spyware, seit Windows 8.1 auch nach Viren und anderer Schadsoftware.

Die neuen Optionen *Cloudschutz* und *Automatische Übermittlung von Beispielen* sorgen dafür, dass auch neueste Malware sofort erkannt wird. Seit dem Anniversary Update erscheint bei neuen Funktionen im Windows Defender eine Meldung, aus der heraus Sie diese Funktionen direkt aktivieren können.

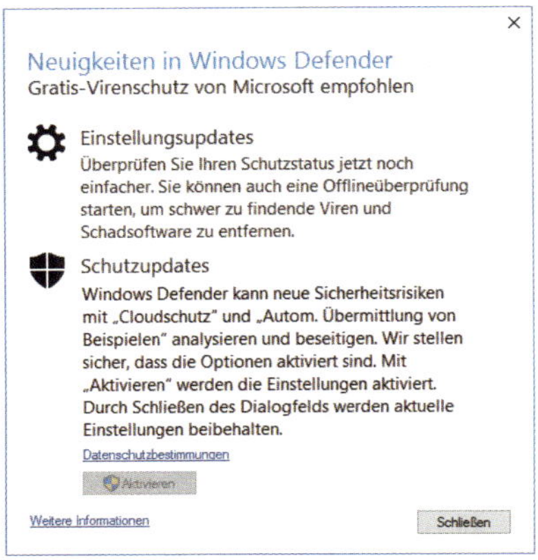

Neue Funktionen im Windows Defender aktivieren.

Der Windows Defender ist für automatischen Hintergrundbetrieb konfiguriert und braucht kaum noch manuell gestartet zu werden. Um den Windows Defender manuell zu starten, finden Sie ihn im Startmenü unter *Windows System*.

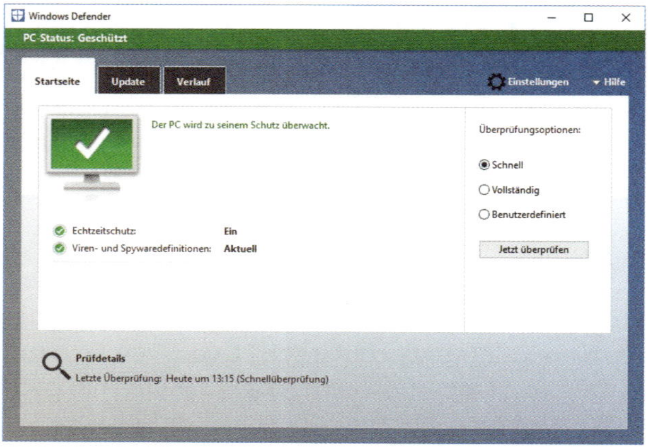

Solange die Grafiken im Windows Defender grün und nicht rot sind, besteht keine Gefahr.

Jede ausführbare Datei kann theoretisch Viren enthalten. Deshalb prüft der Windows Defender diese Dateien automatisch im Hintergrund, bevor sie ausgeführt werden. Achten Sie darauf, dass der Echtzeitschutz aktiv ist. Sollte der Echtzeitschutz deaktiviert sein, erscheinen diverse Grafiken auf der Startseite in Rot. Hier finden Sie dann auch eine auffällige Schaltfläche, um den Echtzeitschutz des Windows Defender wieder zu aktivieren. Zusätzlich weist auch das Info-Center auf diese Gefahr hin.

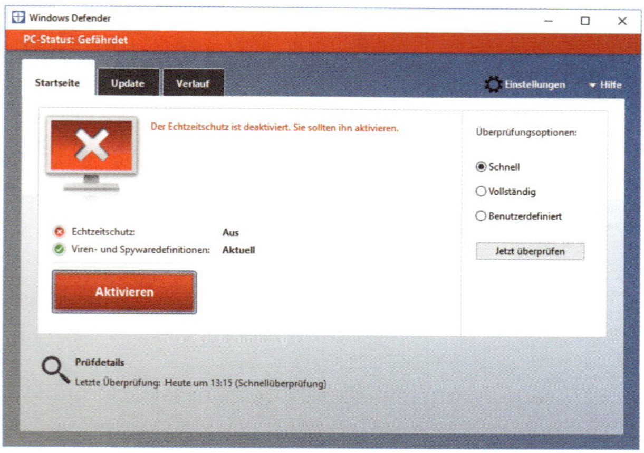

Der Windows Defender gibt auffällig zu erkennen, wenn der Echtzeitschutz deaktiviert ist.

Auf der Startseite können Sie auch jederzeit eine manuelle Überprüfung starten. Dabei bietet der Windows Defender die Wahl zwischen einer schnellen Überprüfung, die meist in wenigen Minuten erledigt ist, und einer vollständigen Überprüfung, die mehrere Stunden dauern kann.

- Bei der schnellen Überprüfung werden nur die Systembereiche geprüft, die mit hoher Wahrscheinlichkeit von Schadsoftware befallen werden, unter anderem die persönlichen Verzeichnisse und das Windows-Verzeichnis.
- Bei der vollständigen Überprüfung werden alle Dateien im lokalen Speicherbereich einer Überprüfung unterzogen.

Neben der schnellen und vollständigen Überprüfung können Sie mit der Einstellung *Benutzerdefiniert* auch beliebige Verzeichnisse auswählen, die überprüft werden sollen.

Virenscanner aktuell halten

Da ständig neue Schadsoftware auftaucht, ist es absolut notwendig, dass ein Virenscanner regelmäßig aktualisiert wird. Dabei sind nur selten Updates des Programms erforderlich. Microsoft liefert regelmäßig aktuelle Virendefinitionsdateien, die über das Windows Update im Hintergrund automatisch heruntergeladen werden. Diese Virendefinitionen enthalten die typischen Erkennungsmerkmale der neuesten Schadsoftware, damit der Windows Defender diese finden kann.

So läuft ein ständiges Wettrennen zwischen Virenprogrammierern und Herstellern von Virenscannern. Manche Viren scheinen

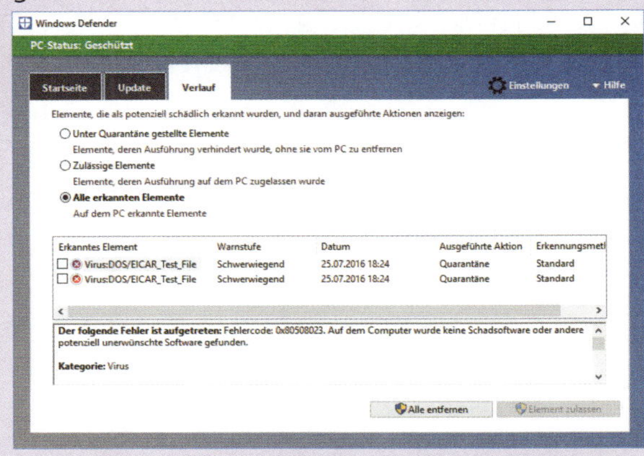

Die Verlaufsliste zeigt nach einem Klick auf »Details einblenden« alle Aktionen des Windows Defender.

sogar nur den einzigen Sinn zu haben, dieses Rennen anzuheizen, da sie keinerlei schädliche Funktionen enthalten, sich aber möglichst schnell und über noch wenig ausgetretene Wege verbreiten.

Wenn Sie eine Datei, die Schadsoftware enthält, herunterladen, öffnen oder kopieren wollen, versucht der Windows Defender, dieses Problem selbstständig zu beheben. Sollte das nicht funktionieren, schlägt er sofort Alarm. In den meisten Fällen ist nur eine kurze Meldung zu sehen, und der Windows Defender verschiebt die gefährliche Datei in Quarantäne. Der Versuch, die gefährliche Datei auf dem Tablet zu speichern, schlägt fehl, da der Windows Defender den Zugriff auf diese Datei verweigert. Sehen Sie regelmäßig in das Protokoll des Windows Defender, um den Überblick darüber zu behalten, was auf Ihrem PC an gefährlichen Dateien gefunden wurde. Tippen Sie dazu im Windows Defender auf der Registerkarte *Verlauf* auf *Details einblenden*.

Alternative Sicherheitstools

Neben dem relativ einfachen, aber vorinstallierten Windows Defender liefern verschiedene Softwarehersteller noch umfangreichere Sicherheitstools mit Virenscanner, Firewall und teilweise auch Diebstahlschutzfunktionen, die aus der Ferne Screenshots eines gestohlenen PCs aufzeichnen oder den Dieb mit der Webcam beobachten.

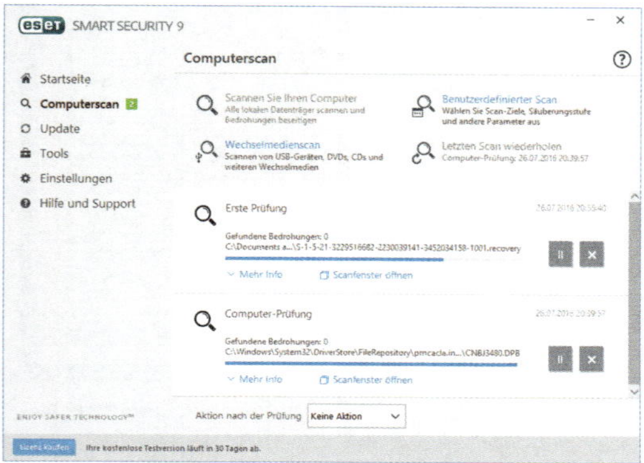

Die Sicherheitssoftware ESET Smart Security.

Leser dieses Buches finden auf der letzten Seite einen Code zur Freischaltung einer 90-Tage-Vollversion der abgebildeten ESET Smart Security von www.eset.de.

Die Remotehilfe

Hat man ein Problem am Computer, fragt man am besten einen Freund, der sich auskennt. Aber auch der größte Windows-Kenner tut sich schwer, Probleme in Gedanken nachzuspielen und zu lösen, wenn er nicht auf den Bildschirm sehen, sondern sich nur am Telefon die Schwierigkeiten anhören kann.

Windows 10 liefert seit dem Anniversary Update im Startmenü unter *Windows-Zubehör* das Programm *Remotehilfe* mit. Klicken Sie hier auf *Unterstützung anfordern*, der befreundete Experte startet das gleiche Programm und klickt auf *Unterstützung gewähren*.

Der Experte, der Unterstützung anbietet, bekommt einen Sicherheitscode angezeigt, der nur eine begrenzte Zeit gültig ist. Geben Sie diesen Code ein, um Zugriff auf Ihren PC zu gewähren, und klicken Sie danach auf *Zulassen*.

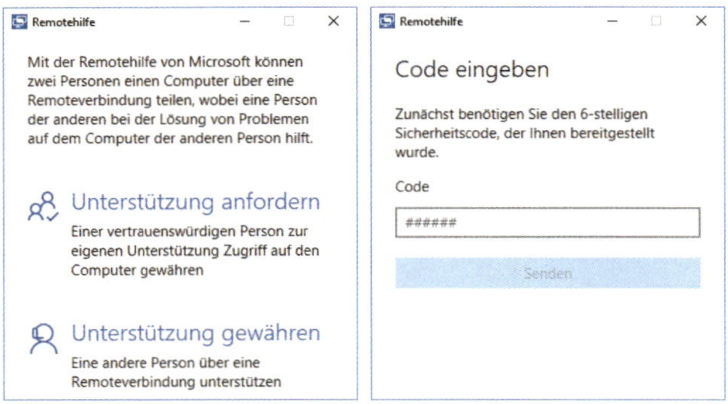

Remotehilfe starten.

Jetzt können Sie sich interaktiv helfen lassen und alle Aktionen des Freundes, der Ihren Computer aus der Ferne steuert, beobachten und auch selbst eingreifen.

Der Bildschirm eines anderen PCs in einem Remotehilfe-Fenster.

Die neue Eingabeaufforderung

Die Eingabeaufforderung, die seit Windows NT in jeder Windows-Version dabei ist, hat in Windows 10 ein paar lange erwartete neue Funktionen bekommen.

Um die neuen Funktionen zu nutzen, muss in den Eigenschaften der Eingabeaufforderung auf der Registerkarte *Optionen* der Schalter *Legacykonsole verwenden* deaktiviert sein.

- Das Eingabeaufforderungsfenster kann, wie unter Linux schon lange beliebt, transparent gemacht werden. Dazu gibt es einen neuen Schieberegler auf der Registerkarte *Farben* der Eigenschaften oder man verwendet die Tastenkombinationen Strg+⇧+(+) sowie Strg+⇧+(-).
- Das Eingabeaufforderungsfenster ist in der Größe frei veränderbar. Dabei kann ein Zeilenumbruch für die Textausgabe eingeschaltet werden.

- Die Tastenkombinationen [Strg]+[C] sowie [Strg]+[V] können jetzt auch im Eingabeaufforderungsfenster zum Kopieren von Texten verwendet werden. Dabei lässt sich auf der Registerkarte *Optionen* der Eigenschaften festlegen, dass Tabulatoren und andere Zeichen, die die Eingabeaufforderung nicht verwendet, beim Einfügen aus der Zwischenablage herausgefiltert werden.

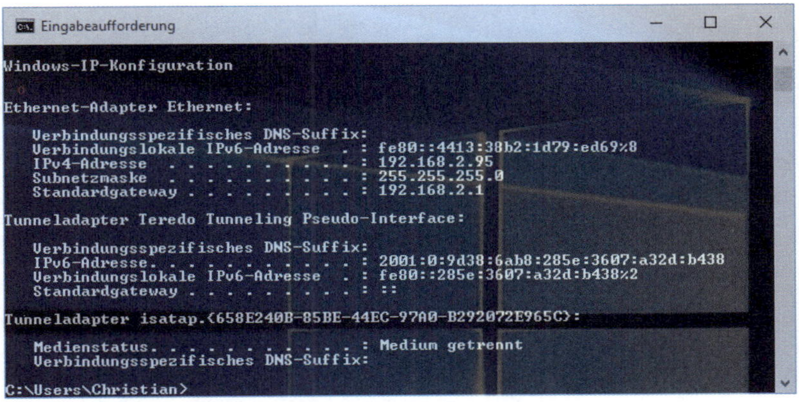

Die transparente Eingabeaufforderung in Windows 10.

Der Task-Manager

Der Task-Manager stellt seit vielen Windows-Versionen Informationen zur Computerleistung bereit und zeigt Einzelheiten zu den ausgeführten Programmen und Prozessen an. Das Tool war bisher wenig übersichtlich und wurde von den meisten Anwendern nur dazu genutzt, nicht mehr funktionierende Programme mehr oder weniger gewaltsam zu beenden.

Klicken Sie mit der rechten Maustaste auf eine leere Stelle der Taskleiste und wählen Sie *Task-Manager*, um den Task-Manager zu starten. Im einfachen Modus zeigt der Task-Manager nur eine Liste laufender Apps. Per Doppelklick wechseln Sie schnell zur jeweiligen App, die Schaltfläche *Task beenden* beendet ein nicht mehr funktionierendes Programm – wie schon in früheren Windows-Versionen. Die wirklich interessanten Informationen zeigt der Task-Manager erst mit einem Klick auf *Mehr Details*.

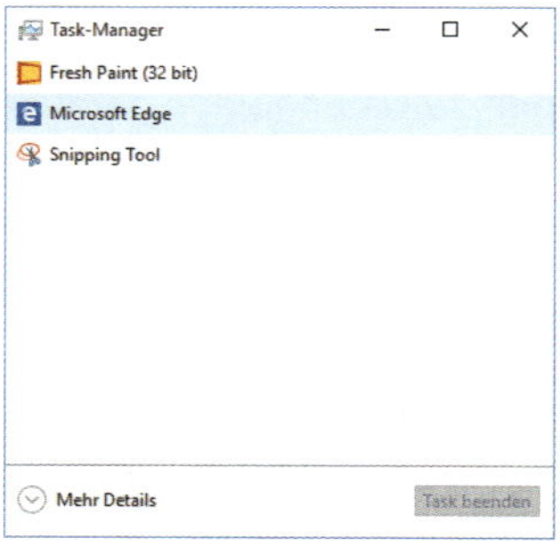

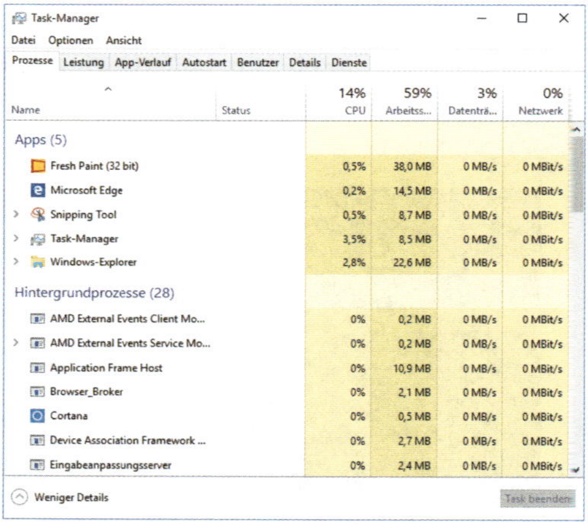

Einfacher Modus und Detailansicht im Task-Manager.

Auf der Registerkarte *Leistung* werden neben statistischen Werten zur Prozess- und Speicherverwaltung vier wichtige Diagramme angezeigt: die aktuelle CPU-Auslastung, der belegte Arbeitsspeicher, Datenträgerzugriffe und Netzwerkübertragungsleistung. Links sehen Sie kleine Übersichtsbilder, beim Klick auf eines davon erscheint rechts der detaillierte Verlauf über die Zeit.

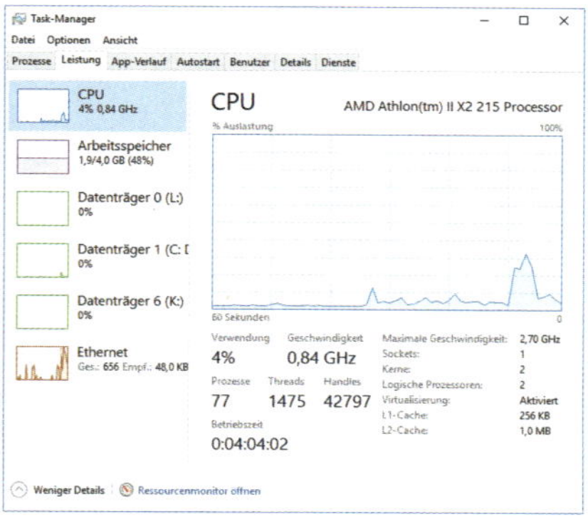

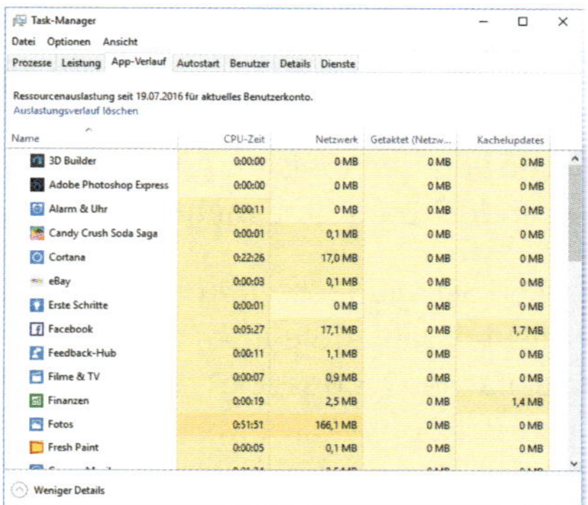

Leistungsanzeige und App-Verlauf im Task-Manager.

Die Registerkarte *App-Verlauf* zeigt die gesamte Auslastung des Systems durch verschiedene Apps in der letzten Zeit. Hier finden Sie schnell heraus, welche Apps wirklich genutzt werden und wie viel CPU-Zeit und auch Netzwerkdatenvolumen diese verbrauchen. Zur besseren Übersicht können Sie die Anzeige durch Klicken auf die Spaltentitel nach verschiedenen Kriterien sortieren.

Wichtige Tastenkombinationen mit der Windows-Taste

Wer seinen PC mit Tastatur und Maus bedient – und das sind immer noch sehr viele Anwender – kommt mit einfachen Tastenkombinationen oft schneller zum Ziel als mit der Maus.

Tastenkombination	Funktion
Alt+Tab	Schaltet zwischen Apps um.
Win	Blendet das Startmenü ein oder aus.
Win+,	Blendet die Fenster kurz aus.
Win+-	Schaltet auf Normalgröße zurück. Die Bildschirmlupe bleibt aktiv.
Win++	Aktiviert die Bildschirmlupe und vergrößert die Ansicht.
Win+↑	Maximiert das aktuelle Fenster auf Bildschirmgröße oder bringt ein auf die Taskleiste minimiertes Fenster auf seine ursprüngliche Größe zurück.
Win+→	Dockt das aktuelle Fenster an den rechten Bildschirmrand an.
Win+↓	Minimiert das aktuelle Fenster in die Taskleiste oder bringt ein auf Bildschirmgröße maximiertes Fenster auf seine ursprüngliche Größe zurück.
Win+←	Dockt das aktuelle Fenster an den linken Bildschirmrand an.

Tastenkombination	Funktion
Win+1	Startet die erste Anwendung (von links) in der Taskleiste, üblicherweise den Browser Microsoft Edge. Win+2 und folgende Zahlen starten weitere Anwendungen.
Win+A	Blendet die Benachrichtigungen ein.
Win+Alt+D	Öffnet Uhr und Kalender in der Taskleiste.
Win+D	Blendet alle Fenster ein und aus.
Win+E	Öffnet ein Explorer-Fenster.
Win+↵	Schaltet die Sprachausgabe ein.
Win+F	Erstellt einen Screenshot und gibt ihn an den Feedback-Hub weiter.
Win+H	Blendet die Seitenleiste *Teilen* ein.
Win+I	Öffnet die *Einstellungen*.
Win+K	Zeigt die Seitenleiste für Anzeige und Audiogeräte an.
Win+L	Sperrt den Computer mit dem Sperrbildschirm.
Win+Leer	Schaltet Eingabesprache und Tastaturlayout um.
Win+O	Schaltet den Orientierungssensor zur Bildschirmdrehung (wenn vorhanden) ein und aus.
Win+P	Startet den Präsentationsmodus.
Win+Pause	Öffnet die Systemsteuerung und zeigt die Basisinformationen über den Computer an.
Win+Pos 1	Minimiert alle Fenster mit Ausnahme des aktuellen in die Taskleiste und macht beim nächsten Mal diese Aktion wieder rückgängig.
Win+R	Öffnet das Dialogfeld *Ausführen*.
Win+S	Startet die Suchfunktion nach Dateien, Fotos, E-Mails etc.

Tastenkombination	Funktion
[Win]+[Strg]+[→]	Wechselt zwischen virtuellen Desktops.
[Win]+[Strg]+[←]	Wechselt zwischen virtuellen Desktops.
[Win]+[Strg]+[D]	Legt einen neuen virtuellen Desktop an.
[Win]+[Strg]+[F4]	Schließt den aktuellen virtuellen Desktop.
[Win]+[T]	Schaltet zwischen den Fenstern um.
[Win]+[Tab]	Zeigt alle offenen Fenster auf einmal, um eines davon auszuwählen.
[Win]+[U]	Schaltet die erleichterte Bedienung ein.
[Win]+[⇧]+[↑]	Vergrößert das aktuelle Fenster auf Bildschirmhöhe, die Fensterbreite bleibt bestehen.
[Win]+[⇧]+[→]	Verschiebt ein Fenster vom linken auf den rechten Monitor, ohne Position und Größe zu verändern.
[Win]+[⇧]+[←]	Verschiebt ein Fenster vom rechten auf den linken Monitor, ohne Position und Größe zu verändern.
[Win]+[⇧]+[C]	Öffnet Cortana im Modus *Zuhören*.
[Win]+[X]	Öffnet das Systemmenü links unten.